»O-Naami«

Inhalt

Vorwort

von *Manfred Miethe*

Streß! Ich sitze zusammengesunken hinter meinem Schreibtisch, starre dumpf auf die Stapel von Zeitschriften, Manuskripten und Briefen, die auf Bearbeitung warten, auf die Liste mit den Anrufen von Leuten, die dringend unbedingt noch heute mit mir sprechen wollen, auf das Buch, das ich übersetzen soll.

Streß! Unter den unzähligen Stimmen, die in meinem Kopf um meine Aufmerksamkeit betteln, setzt sich eine immer mehr durch: „Du schaffst es nicht ... Völlig unmöglich ... Ich habe es immer gewußt, du bist und bleibst ein Versager." Wessen Stimme das ursprünglich einmal war, habe ich vergessen, ob die meines Vaters, der Lehrer, der Chefs – wen interessiert es? Sie ist ja längst zu meiner eigenen geworden.

Streß! Ich drücke meinen widerstrebenden Körper unendlich langsam aus dem Sessel hoch, schleppe ihn schlurfend wie ein alter Mann die Treppen hinauf in mein Zimmer, schließe die Tür und erlaube endlich den befreienden Tränen, zu fließen.

Eigentlich weint ein Mann ja nicht. Jedenfalls hörte ich das in meiner Kindheit fast täglich. Und doch passiert es immer wieder. Das ist jetzt der dritte oder vierte Nervenzusammenbruch in dieser Woche. Die, die mit mir zusammenarbeiten, wissen das besser als ich, denn sie leiden fast noch mehr unter meiner Unfähigkeit, mit Streß umzugehen, als ich selbst.

Doch so sinnlos sie auf den ersten Blick auch zu sein scheinen, meine Zusammenbrüche ergeben bei näherem Hinsehen einen Sinn, denn sie erlauben es mir, Luft zu holen, meinen Verstand abzuschalten, mich auszuruhen und neue Kraft zu schöpfen. Am nächsten Tag oder auch schon ein paar Minuten später sieht die Welt ganz anders aus, plötzlich scheint wieder alles machbar.

In dieser Situation bittet mich Volker Z. Karrer, ein Buch über den Umgang mit Streß zu übersetzen. Na großartig, noch ein Projekt, noch ein Streßfaktor mehr, als ob es nicht genug wäre, jeden Monat eine Zeitschrift herauszugeben, jeden zweiten Monat ein Sonderheft, dazu Artikel schreiben und ein neues Buch – Arbeit ist zu meiner Droge geworden!

Und doch nehme ich an. Nach dem ersten Lesen bin ich skeptisch – noch eines dieser amerikanischen Schnellkochrezepte: Man nehme 1, 2, 3, 4 und 5, rühre kurz um, stürze das Ganze hastig hinunter, und sofort wird man gesund, unsterblich und natürlich reich. (Der Vater dieser Art von Ratgebern dürfte übrigens Loriot sein, mit seinem in den sechziger Jahren bei Diogenes erschienenen „Wie werde ich schlank, reich und prominent" – Anm. d. Herausgebers.) Aber ich fange die Übersetzung trotzdem an und merke schon bald, daß das Buch mit all seinen typischen Amerikanismen etwas hat, das tiefer geht, das direkt zu meinem Körper spricht. Ich probiere es aus und stelle zu meinem Erstaunen fest, daß es tatsächlich wirkt.

Ich fange an, zu sein, wer ich bin, statt einmal in ferner Zukunft ein übermenschliches Wesen werden zu wollen. Ich schaue mir meine Probleme näher an, beginne, sie realistischer einzuschätzen, und stelle erstaunt fest, daß viel mehr viel leichter machbar ist als ursprünglich angenommen. Ich konzentriere mich auf das, was ich mache und bemühe mich, die Arbeit mit dem Schließen der Bürotür hinter mir zu lassen. Wenn ich spazierengehe, gehe ich tatsächlich spazieren, aber wenn ich arbeite, dann denke ich auch an nichts anderes. Und ich gewinne das Vertrauen, daß alles so richtig ist, wie es ist, und beginne, an mich und meine Fähigkeiten zu glauben.

Meine Meditationspraxis wird mir wieder wichtig als eine Zeit, in der ich nichts tue außer einfach dazusitzen, ohne Absicht, ohne Grund und ohne Ziel.

Bücher wie »O-Naami«, aber auch die Fünf »Tibeter« oder das Diamant Yoga sind auch deshalb so wichtig, weil sie uns die Verantwortung für unser Leben zurückgeben. Diese Übungen kosten kein Geld, sie können von jung und alt, Männern und Frauen angewandt werden, sie erfordern keine kostspielige Ausrüstung, keine lange Ausbildung oder besondere Räumlichkeiten, keine Lehrer oder Experten, denen man sich auf Gedeih und Verderb unterwerfen muß, sie können leicht in das tägliche Leben integriert werden. Sie sind sozusagen Teil der Demokratisierung des öffentlichen Gesundheitswesens. Es kann gar keine Ausrede geben, sie nicht zu machen.

»O-Naami« wird nicht alle meine oder Ihre Probleme lösen können. Es gibt kein Allheilmittel; Wunder wollen täglich neu umworben werden. Aber diese Übungen sind ein Schritt auf dem Weg zu einem erfüllteren Leben. Wie groß oder wie klein dieser Schritt ist, hängt davon ab, wie ernsthaft Sie die Prinzipien dieses Buches anwenden.

Das Buch liegt vor Ihnen, Ihr bisheriges streßerfülltes Leben hinter Ihnen, Sie sind jetzt hier an diesem Ort, in diesem Moment, und lassen sich gerade auf ein neues Abenteuer ein. Dazu wünsche ich Ihnen eine gute Reise!

Einleitung

Der Delta-Flug landete auf dem internationalen Flughafen von Palm Beach in Kalifornien. Ich gönnte mir einen Seufzer der Erleichterung. Nach drei Tagen schwieriger Verhandlungen mit verschiedenen Banken war ich mir sicher, daß wir den vereinbarten Termin doch noch einhalten würden. Meine Firma hatte schon fast eine Million Dollar für dieses Projekt ausgegeben, und ich hatte bis zum 31. Dezember Zeit, um weitere fünfzig Millionen Dollar zu beschaffen. Sollte mir das nicht gelingen, würden wir den Auftrag verlieren, und das Projekt wäre gestorben. Es war Freitag, der 13. Dezember.

Auf dem Weg ins Büro dachte ich an Weihnachten, an meine Frau und meine dreijährige Tochter. Die letzten vier Monate waren die ereignisreichsten und erschreckendsten meines Lebens gewesen, und ich hatte meine Familie kaum gesehen. Aber das sollte sich jetzt endlich ändern.

Es war kurz vor halb sechs, und niemand war im Büro. Das Telefon klingelte. Ich zögerte, denn ich wollte meiner Familie schnellstens die gute Nachricht überbringen. Aber vielleicht war ja meine Frau dran. Ich hob den Hörer ab.

Zu meiner Überraschung war es der Finanzierungsexperte des Ingenieurbüros, mit dem ich während der Finanzierungsphase eng zusammengearbeitet hatte. Ich fühlte, wie mir das Blut in den Kopf stieg. Was war los?

„Es wird dir nicht gefallen, John." sagte er. „Nachdem du weg warst, hat die Bank einen Rückzieher gemacht."

Mir blieb die Luft weg, mein Herz raste wie wild. „Das kann nicht sein!"

Es war aber so, am Freitag, dem 13., knapp zwei Wochen vor Weihnachten. Drei Wochen vor dem Termin, den ich einhalten mußte, wenn nicht ein Fünfzig-Millionen-Dollar-Projekt scheitern sollte. Investoren, die mir vertrauten, würden Millionen verlieren. Ich würde nicht nur meine Firma ruinieren, sondern, was noch schlimmer war, auch meinen guten Ruf.

Wie wird man mit so etwas fertig? Wie kann man nach Hause gehen und seiner Frau und Tochter gegenübertreten? Wie kann man damit schlafen, nicht depressiv werden und sich dabei noch auf Weihnachten freuen?

Glücklicherweise ist es möglich. Es gibt praktische Methoden, Streß zu bewältigen. Sie sind schnell und einfach. Als ich kurz vor neunzehn Uhr zuhause ankam, war ich entspannt und freute mich darauf, ein vorweihnachtliches Wochenende mit meiner Familie zu verbringen.

Als ich am Montagmorgen ins Büro zurückkam, konnte ich es kaum erwarten, den Kampf wieder aufzunehmen. Die wichtigsten Waffen dafür, die wir in unserem Firmenarsenal hatten, waren allerdings nicht Landkaufrechte, Genehmigungen, Lizenzen und Verträge, die wir in den letzten drei Jahren abgeschlossen hatten, und auch nicht unsere Kontakte zu den Banken. Unsere wichtigste Waffe war unsere Fähigkeit, Streß zu bewältigen. Ohne diese Fähigkeit wäre es uns nicht gelungen, die nächsten kritischen Tage zu überleben.

Wir bewältigten den Streß durch eine Methode, die ich »O-Naami« nenne. Diese Methode hat nichts Geheimnisvolles; Millionen Menschen auf der ganzen Welt wenden Teile davon in ihrem täglichen Leben an. Sie ist äußerst wirksam und macht Spaß, wenn sie zur Gewohnheit wird und ein- oder zweimal am Tag zehn bis zwanzig Minuten lang praktiziert wird.

Dieses Buch beschreibt »O-Naami« so, daß Sie sofort damit beginnen können. Sie können auf körperlicher, emotionaler und psychologischer Ebene davon profitieren. Das Riskio einer Herzattacke oder eines Schlaganfalls kann damit gesenkt werden; Schlaflosigkeit kann dadurch ebenso vermieden werden wie Kopfschmerzen, Durchfall, Verstopfung und nervöse Störungen. Regelmäßig ausgeübt, wird »O-Naami« Ihnen da zum Sieg verhelfen, wo Sie sonst verloren hätten. Da der Prozeß sich durch ständiges Ausüben immer weiter potenziert, wird er Ihnen mehr und mehr Spaß machen und von Nutzen sein. Wenn Sie warten, bis Sie in eine aussichtslose Freitag-der-dreizehnte-Situation geraten, wird es viel schwieriger sein, ihn anzuwenden.

Ein großer Teil dieses Buches beschreibt Menschen anderer Kulturen, wie der von Java, der Yukatan-Halbinsel, den Hochanden und Sulawesi (Celebes), ohne die ich »O-Naami« nicht hätte entwickeln können. Diese Menschen stammen aus Gesellschaften, in denen Streßbewältigung ein Teil des täglichen Lebens ist. Ihre Methoden mögen Hunderte von Jahren alt sein, aber wissenschaftliche Untersuchungen haben nachgewiesen, daß sie ebenso wirksam sind wie rezeptpflichtige Medikamente. Im Gegensatz dazu haben sie aber keine schädlichen Nebenwirkungen und machen nicht süchtig.

1968 begann ich, viele Jahre lang durch die ganze Welt zu reisen. Ich arbeitete damals als Berater und unterrichtete Management-Methoden. Zur gleichen Zeit entdeckten westliche Wissenschaftler einige wichtige Dinge über Streß. Ihnen zufolge kam ich aus einer Gesellschaft, in der Streßbewältigung eine untergeordnete Rolle spielt, während meine Schüler aus Kulturen stammten, in denen wirksam mit Streß umgegangen wird. Bei uns wurde bis dahin etwas oberlehrerhaft auf diese Streßbewältigungsmethoden herabgeschaut, und man bezeichnete sie als „unwissenschaftlich", als reine „Modeerscheinung" oder gar als „Betrug", obwohl die Harvard Medical School und andere renommierte Forschungsinstitute das Gegenteil bewiesen hatten, und ungeachtet der Tatsache, daß streßbedingte Krankheiten epidemische Ausmaße angenommen hatten.

Ich stellte die naheliegende Frage: Warum? Nachdem ich die Antwort gefunden hatte, stellte ich die nächste offensichtliche Frage: Warum kann ich nicht Streßbewältigung lernen, *während* ich Management-Methoden *lehre?* Meine Schüler in jenen anderen Kulturen konnten durchaus meine Lehrer werden. »O-Naami« ist das Ergebnis meiner Suche nach Antwort auf diese Fragen.

Bevor ich meine Schüler und Lehrer vorstelle, möchte ich Sie zunächst mit ein paar Dingen bekanntmachen, die die Wissenschaft über Streß herausgefunden hat. Im ersten Kapitel wird Streß definiert. Dann informiere ich Sie über die neuen wissenschaftlichen Ergebnisse und den Hintergrund der verschiedenen Methoden.

Streß in unserem Leben

Schon die ersten Menschen, die vor ihrer Höhle saßen und versuchten, Feuer zu machen, litten unter Streß. In der Bibel werden Opferzeremonien beschrieben, durch die Streß bekämpft werden sollte. Selbst Shakespeare erwähnt Streß in seinen Werken. Seit Urzeiten haben Soldaten, Philosophen, Geschäftsleute, Politiker und Künstler nach Auswegen aus dem Dilemma gesucht, denn Streß gibt es, seit es Menschen gibt. Menschen aller Gesellschaftsordnungen leiden darunter. Wie mit Streß umgegangen wird, ist allerdings sehr verschieden. Manche Ärzte behaupten: „Streß selbst bringt niemanden um; die Art, wie wir auf Streß *reagieren,* bringt uns um."

Die meisten Menschen wissen nur zu gut, wie sehr Streß sie sowohl geistig als auch emotional beeinflußt. Depressionen, Lethargie, Motivationslosigkeit, extreme Nervosität, Handlungsunfähigkeit, Appetitlosigkeit und die Unfähigkeit, klar zu denken, sind nur einige der Beschwerden, von denen Menschen berichten, die unter Streß leiden. Diese Symptome können zu schweren Krankheiten führen, wenn Kreislauf, Atemwege oder das Nervensystem in Mitleidenschaft gezogen werden.

Wie wir mit Streß umgehen, kann darüber entscheiden, ob wir gesund oder krank sind, leben oder sterben. Es bestimmt, wie wir die Welt um uns herum sehen, und es beeinflußt unser Selbstwertgefühl. Mit Streß richtig umzugehen, kann unsere Produktivität erhöhen. Es kann uns gesünder machen und uns zu einem erfüllten, glücklichen und entspannten Leben führen.

14

Obwohl Streß in allen Gesellschaften existiert, leiden wir in den technologisch am weitesten entwickelten Gesellschaften am stärksten darunter. Mehrere Theorien sind entstanden, die versuchen, zu erklären, warum das so ist. Zwei Ansichten haben sich durchgesetzt:

1) Die technologisch am weitesten entwickelten Nationen haben im letzten Jahrhundert das Interesse an nicht-materialistischen Denkweisen verloren. Religion, Philosophie und der Umgang mit Streß wurden zugunsten von Wissenschaft, Technik und Handel auf zweitrangige Plätze verdrängt.

2) Menschen in Schlüsselpositionen müssen sich extremem Streß aussetzen, um in der Lage zu sein, eine Nation auf einen höheren technologischen Stand zu bringen.

Diese beiden Theorien schließen sich nicht gegenseitig aus. Wahrscheinlich haben beide von ihnen teilweise recht. Aber von den Theorien abgesehen ist es unglücklicherweise eine Tatsache, daß viele Menschen in den technologisch am weitesten entwickelten Ländern großen Mengen Streß ausgesetzt sind. Die herrschende Kultur bietet dabei wenig Hilfe, da Methoden zur Streßbewältigung nicht in das tägliche Leben eingebaut sind. Daher haben streßbedingte Krankheiten seuchenartige Ausmaße angenommen.

In Asien und Lateinamerika finden sich Länder, in denen der bewußte Umgang mit Streß fester Bestandteil des Lebens ist. Viele Kulturen in diesem Teil der Erde haben Streßbewältigung zu einem wichtigen Aspekt des täglichen Lebens gemacht. Wie man Streß vermindert, wird schon im Kindesalter gelernt. Während ihres ganzen Lebens werden die Mitglieder dieser Kulturen darin bestärkt, Methoden zu üben, die Streß verringern sollen, entweder individuell oder in gesellschaftlichen Ritualen. Religion, Erziehung, Politik, Wirtschaft und soziale Faktoren haben Anteil an diesem Prozeß.

Nach einem Jahrzehnt in Asien und Lateinamerika habe ich begriffen, daß einige dieser Methoden überall anwendbar sind. Sie funktionieren nicht nur für die Mitglieder der Gesellschaften, in denen ich sie entdeckt habe, sondern auch für mich und für die meisten anderen Menschen, die sie ausprobiert haben. In den folgenden Kapiteln werde ich einige dieser Gesellschaften und Methoden vorstellen.

Ich möchte betonen, daß ich keine Werturteile über die verschiedenen Kulturen oder Religionen abgeben will. Dieses Buch ist dem Thema Streß gewidmet und wie man damit umgehen kann. Streß ist nur einer von vielen Faktoren, die die Qualität des Lebens bestimmen. Wenn ich einen Maya-Indianer beschreibe, der eine bestimmte Methode praktiziert, um seinen Blutdruck zu senken, will ich damit nicht sagen, daß es Ihnen oder mir besser ginge, wenn wir in einer Grashütte auf der Yukatan-Halbinsel leben würden. Ich habe lediglich die Absicht, Ihnen Methoden der Streßkontrolle vorzustellen, die für uns alle von Interesse sein können. Diese Methoden funktionieren in Gesellschaften, die durch diesen Indianer repräsentiert werden, aber auch für andere, die außerhalb seiner Welt leben. Wenn Sie diese Methoden in einem Auto an einer roten Ampel üben und Sie dadurch gesünder werden und geistigen Frieden finden, dann hat dieses Buch seine Aufgabe erfüllt.

Ein Freund, der die Harvard Business School besuchte, erzählte mir von seinem Lieblingslehrer. Am letzten Tag des Semesters wurde der Professor nach dem wichtigsten Ratschlag gefragt, den er seinen Studenten mit auf den Weg geben wolle. Er dachte kurz nach, lächelte und sagte: „Setzen Sie sich ständig unter Druck."

Um in einer technologisch fortgeschrittenen Gesellschaft materiellen Erfolg zu haben, mag es notwendig sein, sich sehr großem Streß auszusetzen. Man könnte argumentieren, daß das unvermeidbar ist. Es ist allerdings nicht nötig, ständig unter Druck zu stehen. Im Gegenteil, es gibt überzeugende Beweise dafür, daß Menschen, die lernen, mit Streß umzugehen, am erfolgreichsten sind. Später werde ich über ein Persönlichkeitsmerkmal schreiben, das viele Führungskräfte in der Wirtschaft gemein haben und das ein Bestandteil von »O-Naami« ist.

Von allen Seiten werden wir ermuntert, uns selbst unter Druck zu setzen. Aber wir wären glücklicher, erfolgreicher und gesünder, wenn wir lernen würden, mit Druck erzeugenden Einflüssen umzugehen, uns zu entspannen und »O-Naami« in unser tägliches Leben zu integrieren.

Was ist Streß?
Über Streß ist viel geschrieben worden. Ursachen und Folgen sind bereits hinreichend dokumentiert, und darum will ich hier nicht weiter auf Einzelheiten eingehen. Sie brauchen die biologischen Aspekte von Streß nicht zu kennen, um von den in diesem Buch beschriebenen Methoden zu profitieren. Nachfolgend möchte ich nur kurz die wichtigsten Punkte ansprechen:

Alle Menschen leiden unter irgendeiner Form von Streß. Starker Streß führt oft zu ernsthaften körperlichen und emotionalen Beschwerden, zum Beispiel zu Arterienverkalkung, erhöhtem Blutdruck, Depressionen, Herzattacken und Schlaganfällen, bis hin zum Selbstmord. Die Hälfte aller Todesfälle in den Vereinigten Staaten beispielsweise ist das Ergebnis streßbedingter Krankheiten.

Unser Körper reagiert sofort, wenn wir mit etwas konfrontiert werden, das uns erschreck t, einem Problem, das uns unlösbar erscheint, oder einer Situation, die von uns verlangt, daß wir unser Verhalten ändern. Kreislauf und Atmung beschleunigen sich, der Blutdruck erhöht sich. In unserem Körper findet eine Alarmreaktion statt. Sie findet sowohl bei Menschen als auch bei Tieren statt und ist angebracht, wenn sich jemand einer körperlichen Gefahr ausgesetzt sieht. Wir sagen, daß Adrenalin ausgeschüttet wird. Wenn das Problem durch körperliche Bewegung gelöst werden kann, wird der Streß durch dieses Verhalten aufgelöst, die Körperfunktionen normalisieren sich. Wenn Streß aber durch ein Problem verursacht wird, das durch dieses Verhalten nicht gelöst werden kann, wird Streß nicht abgebaut und kann letztendlich zu schweren und sogar tödlichen Krankheiten führen.

Streßsituationen können sehr schnell tödlich werden. Unser Körper reagiert typischerweise so: Erhält das Gehirn ein Warnsignal, schickt es Nachrichten durch den Körper, worauf Hormone ausgeschüttet werden. Der Blutkreislauf reagiert sofort und bereitet uns auf körperliche Bewegung vor. Blutdruck und Pulsschlag erhöhen sich. Weil das Herz schneller schlägt, braucht es mehr Sauerstoff. Die Atmungsorgane können unter Umständen überansprucht werden. Bei einem Menschen, der an Herzschwäche leidet, zum Beispiel einer verstopften Arterie, schafft der Körper die erforderliche Arbeit nicht. Die Folge davon sind Herzinfarkt und möglicherweise Tod.

Biologisch gesehen veranlaßt dieser Schutzmechanismus das autonome Nervensystem zu einer Reaktion. Hormone wie Adrenalin, Insulin, Kortisol und Noradrenalin werden ausgeschüttet. Sie regen die Körperfunktionen an. Herzschlag, Blutdruck und der Stoffwechsel erhöhen sich dramatisch. Magensekretionen, Cholesterinspiegel, Drüsenabsonderungen und Muskelspannung steigen. Bis vor kurzem dachten die Wissenschaftler, daß das autonome Nervensystem vom Wil-

18

len unbeeinflußbar wäre. Als ich zur Schule ging, wurde uns beigebracht, daß Menschen diese Funktionen nicht beeinflussen könnten, außer von außen durch Medikamente.

In den letzten Jahren wurde bewiesen, daß Menschen und Tiere bewußt Kontrolle über das „autonome Nervensystem" ausüben können. Dr. Neil E. Miller zeigte 1969 durch seine Experimente, daß durch Biofeedback der Blutkreislauf beeinflußt werden kann. Wissenschaftler bestätigten mit Hilfe von hochsensiblen Laborinstrumenten, daß Yoga-Übende die Fähigkeit entwickeln können, Sauerstoffverbrauch, Blutdruck und Körpertemperatur zu kontrollieren. Eine Untersuchung der Harvard Medical School stellte 1968 fest, daß Menschen, die meditieren, ihren Sauerstoffverbrauch bis zu zwanzig Prozent verringern und im Gehirn Alpha-Wellen produzieren können, die mit Zuständen von geistiger Ausgeglichenheit und Wohlgefühl in Verbindung gebracht werden. Weitere Untersuchungen des gleichen Forschungsteams ergaben 1981, daß tibetische Mönche die Temperatur einzelner Körperteile wie Finger, Zehen und der Haut während ihrer Meditation bis zu fünf Grad Celsius erhöhen können.

Den Ärzten ist der Zusammenhang zwischen Streß und Krankheit bewußt. Hyperventilation geschieht zum Beispiel unter Streßeinfluß. Schwindel, Atmungsprobleme und Schmerzen im Brustbereich können dadurch vermindert werden, daß Streß verringert und die Atemfrequenz unter Kontrolle gebracht wird. Magengeschwüre, Verdauungsbeschwerden und chronische Kopfschmerzen sind ebenfalls streßbedingt. Ärzte empfehlen zur Bekämpfung solcher Krankheiten Methoden, die Streß verringern sollen. Egal, um welche Krankheit es sich handelt, von der Erkältung bis zum Krebs wird den Patienten geraten, zu ruhen, sich zu entspannen und ihr Leben so zu verändern, daß Streß reduziert wird.

Die medizinische Forschung hat herausgefunden, daß eine starke Verbindung zwischen Streß und Depression besteht. Untersuchungen am National Institute of Mental Health scheinen darauf hinzudeuten, daß diese Verbindung durch eine chemische Substanz namens Corticotropin Releasing Hormone (CRH) hervorgerufen wird, die biochemische Veränderungen im Körper hervorruft. Streß aktiviert die Absonderung dieser Substanz im Gehirn, was dazu führt, daß die Hirnanhangdrüse ihrerseits das Hormon ACTH absondert. Durch ACTH wird dann die Produktion von Kortisol durch die Nebennieren angeregt. Kortisol wird in großen Mengen während einer depressiven Phase gefunden. Versuche mit Tieren zeigen, daß diese sich verwirrt, gehemmt und verstört verhalten, wenn sie große Mengen CRH aufweisen. Herzfrequenz, Blutdruck und Blutzuckerspiegel steigen, Sexualtrieb und Appetit sind vermindert.

Ein erhöhter Kortisolspiegel beeinflußt auch die Widerstandskraft des Körpers gegen Krankheiten. Kortisol kann sich direkt mit den Rezeptoren der Lymphozyten (die für die Bekämpfung von Infektionen verantwortlich sind) verbinden. Untersuchungen zeigen, daß streßvolle Ereignisse wie der Tod eines Partners das Funktionieren der Lymphozyten beeinträchtigen kann. Der Mensch, der dieser Art von Streß ausgesetzt ist, ist anfälliger für Krankheiten und plötzlichen Tod. Forscher an der Mount Sinai School of Medicine in New York haben herausgefunden, daß Witwer innerhalb von zwei Monaten nach dem Tode ihrer Ehefrauen eine erheblich verringerte Funktion der Lymphozyten aufweisen. Bei Witwern, die älter als 55 Jahre sind, ist die Wahrscheinlichkeit, nach dem Tode ihrer Ehefrauen innerhalb von sechs Monaten zu sterben, um vierzig Prozent höher als bei gleichaltrigen Unverheirateten.

Streß wird immer mehr als ein krebserzeugender Faktor nachgewiesen. Mehrere Forschungsinstitute haben herausgefunden, daß die Aktivität der Zellen, die Krebs erkennen und zerstören, in Menschen mit starkem Streßeinfluß geringer ist als bei Menschen mit weniger Streß. Die verminderte Aktivität macht es den Krebszellen leichter, sich zu vermehren.

Die geistige Einstellung der Krebspatienten ist ein wichtiger Faktor im Gesundungsprozeß. Die, die daran glauben, daß sie gesunden werden, und sich leichter ihrer Situation anpassen, haben eine größere Chance, wieder gesund zu werden, als die, die keine positive Einstellung und mehr Streß haben.

Die Umgebung spielt eine wichtige Rolle in der Bestimmung des Streßniveaus. Während des Vietnam-Krieges stellten Ärzte bei Frontsoldaten erhöhten Blutdruck und erhöhten Stoffwechsel fest. Das Erdbeben von 1985 in Mexiko City rief ebenfalls einen allgemein erhöhten Blutdruck hervor. Ärztliche Untersuchungen zeigten, daß diese Abweichungen sich noch mehrere Tage nach den Beben fortsetzten. Unzählige Untersuchungen haben ergeben, daß der Blutdruck steigt, wenn Menschen vom Land in die Stadt ziehen.

Ich habe viele verschiedene Antworten auf die Frage, was Streß sei, gehört. Kurz gesagt ist Streß ein Zustand, der auftritt, wenn wir glauben, daß wir ein Problem nicht lösen können. Das Problem kann offensichtlich sein oder subtil. Auf jeden Fall bedarf es einer anderen Lösung als den traditionellen Schutzmechanismen des Körpers vor körperlichen Gefahren.

Ein Streßzustand ist wie ein Belagerungszustand. Der Körper, besonders das „autonome Nervensystem", bereitet sich darauf vor, sich zu verteidigen. Wir besitzen Waffen, um zu kämpfen oder zu fliehen. Unglücklicherweise können diese Waffen nicht so leicht wieder beiseitegelegt werden, und wenn weder Flucht noch Kampf die richtige Antwort auf eine gegebene Situation ist, können die Waffen in unseren Händen explodieren. Daher müssen wir lernen, unser „autonomes

Nervensystem" zu kontrollieren. Wir müssen sicherstellen, daß unsere Waffen nur dann geladen werden, wenn eine entsprechende Gefahrensituation eintritt.

Es kann nicht länger bezweifelt werden, daß der Mensch die Fähigkeit hat, dieses „Flucht-oder-Kampf-Verhalten" bewußt abzustellen. Untersuchungen an den renommiertesten Forschungs- und Behandlungsinstituten bestätigen, daß die Methoden, die jahrhundertelang in Asien und Lateinamerika praktiziert wurden, wirksam sind. 1982 schrieb der Arzt Dr. Larry Dossey: „Es ist experimentell bewiesen, daß bei Menschen, denen Meditation beigebracht wurde, der Blutcholesterinspiegel durchschnittlich um zwanzig Prozent sinkt. Darüberhinaus können auch Blutdruck, Herz- und Atemfrequenz beeinflußt werden. Insulinausschüttung, Hydrokortison-, Adrenalin- und Norepinephrin-Spiegel werden auf das gewünschte Niveau gebracht. Viele Methoden sind dabei effektiv: Meditation, Biofeedback, Entspannungsübungen und autogenes Training."

1987 wurden die Ergebnisse von Untersuchungen veröffentlicht, die am Memorial Sloan Kettering Krebs-Zentrum in New York durchgeführt wurden. Sie bestätigen, daß Menschen die Fähigkeit haben, sich in einer Weise zu entspannen, die die Schulmedizin bisher nur unter dem Einfluß von chemischen Beruhigungsmitteln für möglich hielt. Von 147 Krebspatienten nahmen 70 Alprazolan, ein starkes Beruhigungsmittel, das benutzt wird, um durch Chemotherapie bedingte Schmerzen, Angstgefühle, Depressionen und Übelkeit zu bekämpfen. Weitere 77 Patienten hörten sich ein Tonband mit Entspannungsübungen an. Die Entspannungsmethode war ebenso effektiv wie die Beruhigungsmittel. Da Entspannungsübungen, anders als Drogen, keine gefährlichen Nebenwirkungen haben, werden diese und andere meditative Methoden immer wichtiger in der Krankheitsbehandlung. Untersuchungen wie diese am Sloan Kettering

22

Zentrum haben wertvolle Einsichten in die Beziehung zwischen Streß und Gesundheit geliefert.

Wir wissen, daß wir unser eigenes Schicksal in die Hand nehmen können, wenn es um Streß geht. Jeder von uns ist mit dem notwendigen Rüstzeug ausgestattet, mit dem Streß leicht und mit Freude kontrolliert werden kann. Dieses Rüstzeug ermöglicht es uns, unser „autonomes Nervensystem" zu kontrollieren. Wir können es sogar abgeschaltet lassen.

»O-Naami« Leben ohne Streß

»O-Naami« ist leicht zu lernen, und es ist einfach, es regelmäßig auszuüben. Es besteht aus fünf Teilen. Jeder Teil ist erwiesenermaßen in der Lage, Streß erfolgreich zu bekämpfen. Zusammen haben sie eine noch tiefere Wirkung.

»O-Naami« macht sich die natürlichen Kräfte Ihrer Nerven, Hormone, der Atmung und des Kreislaufs zunutze, um einen Zustand zu erreichen, durch den Geist und Körper verjüngt werden. Diese Kräfte sind Teil unseres Menschseins. Die Methode erfordert weder besondere körperliche oder emotionale Fähigkeiten, noch verläßt sie sich auf äußere Einflüsse wie Medikamente, Bewegung, Ernährung, Therapie oder Hypnose. Und doch halten die Ergebnisse wissenschaftlichen Untersuchungen stand.

Sie werden herausfinden, daß die regelmäßige Ausübung von »O-Naami« Ihre Atmung, Ihre Herzfrequenz und Ihren Stoffwechsel verlangsamen und Ihren Blutdruck senken wird. Gleichzeitig vermindert sich die Milchsäureproduktion, während die Alpha-Wellen-Aktivität zunimmt. Durch »O-Naami« wird es Ihnen wahrscheinlich schon nach ein paar Tagen fühlbar besser gehen. Die Methode hat vielen geholfen, sich von Drogen- und Alkoholmißbrauch, Schlaflosigkeit, Durchfall, Verstopfung, Krämpfen und Kopfschmerzen zu heilen. Sie hat keine gefährlichen Nebenwirkungen.

Die nächsten vier Kapitel dieses Buches beschreiben Erlebnisse und Menschen in fernen Ländern. Sie halfen mir, zu erkennen, wie wichtig es ist, Streßkontrolle zu einem festen Bestandteil meines täglichen Lebens zu machen. Es war aufschlußreich, die jahrhundertealten Methoden aus diesen Ländern mit den neuesten wissenschaftlichen Erkenntnissen zu vergleichen.

Die Kulturen Javas, der Yukatan-Halbinsel, Sulawesis und der Anden beweisen, daß es nicht nur notwendig ist, sondern sogar Spaß machen kann, sich mit Streßbewältigung zu befassen. Ich werde Toyup, Viejo Itza, Herrn Bendra, dem Bürgermeister von Pinrang und Don José Quischpe ewig dankbar sein, daß sie mir zu meinem Verständnis von »O-Naami« verholfen haben.

Das letzte Kapitel enthält Anleitungen, die es Ihnen ermöglichen sollen, »O-Naami« in Ihr tägliches Leben zu integrieren. Sie werden sehen, daß dies sogar extrem einfach ist. Sie benötigen dazu nur zehn bis zwanzig Minuten am Tag und werden sich danach vollkommen ent-streßt fühlen.

Wenn Sie dieses Buch durchgelesen haben, dürften Sie gelernt haben, die fünf Grundelemente von »O-Naami« anzuwenden.

1) Seien Sie das, was Sie sein möchten. Hören Sie auf, zu versuchen, etwas zu werden, und seien Sie es stattdessen. Denken Sie an die Person in sich, die das verkörpert, was Sie am meisten schätzen. Seien Sie diese Person, so weit es Ihnen möglich ist. Machen Sie dies zu einem ständigen Teil Ihres Lebens.

2) Wägen Sie Probleme gegenüber Lösungen ab. Begreifen Sie, daß nicht das Problem das Problem ist, sondern daß *die fehlende Lösung* das Problem ist. Wenn Probleme auftauchen, stellen Sie zunächst deren wahre Natur und Ausmaß

fest. Erlauben Sie sich nicht, in Panik zu geraten oder negativ zu sein. Entscheiden Sie sich für eine Lösung und probieren Sie sie aus.

3) Konzentrieren Sie sich. Gewöhnen Sie es sich an, sich zu konzentrieren und Ihr Leben in verschiedene Bereiche zu untergliedern. Arbeiten Sie, wenn Sie bei Ihrer Arbeit sind. Aber wenn Sie nach Hause gehen, gehen Sie wirklich, und konzentrieren Sie sich auf Ihre Familie, Ihr Hobby oder was immer Sie tun wollen.

4) Glauben Sie an etwas. Glauben Sie an das, von dem Sie wissen, daß es für Sie richtig ist. Glauben Sie an eine Religion, an sich selbst, an eine Idee oder ein Ziel. Woran Sie glauben, ist nicht wichtig, wenn es um Streßreduzierung geht. Entscheidend ist, daß Sie an das glauben, was für Sie am wichtigsten ist. Öffnen Sie Ihr Herz, hören Sie ihm zu und führen Sie aus, was es Ihnen aufträgt.

5) Meditieren Sie. Meditation verbindet die anderen vier Bestandteile und verschafft Ihnen zehn bis fünfzehn Minuten regelmäßiger Entspannung. Dabei spielt es keine Rolle, ob Sie still sitzen, beten oder sich bewegen.

Diese Bestandteile sind sehr einfach. Ich werde sie und Methoden, mit denen Sie sie in Ihr tägliches Leben integrieren können, in diesem Buch erläutern. Wenn Sie sie nicht mehr aus Ihrem Leben wegdenken können, dann sind Sie auf dem richtigen Weg. Die Belohnung werden Sie erhalten, wenn Sie sie völlig in Ihr Leben integriert haben. Dann wird »O-Naami« zu einer Angewohnheit, die Ihr Leben bereichern und wahrscheinlich auch verlängern wird.

Ein weiser alter Mann aus Java

„Versuche nicht, etwas zu werden, sei einfach. Wenn du immer versuchst, etwas zu werden, wirst du nie das sein, was du sein willst. So lebt kein weiser Mensch."

Toyup

Mein erster Job in Asien führte mich nach Indonesien, einer Gruppe von vielen Inseln, die von den ersten Europäern, die dorthin kamen, die Gewürzinseln genannt wurden. Vor meinem geistigen Auge entstand das Bild eines Landes voller exotischer Abenteuer, ein Land voller Mythen, Geheimnisse und exotischer Schönheit, der verborgene Schatz, den Kolumbus suchte, aber niemals fand, eine Prinzessin, die von den Herrschern von Holland, Spanien, Portugal und Japan umworben wurde, aber nie verführt werden konnte. Schon der Name Indonesien regte meine Fantasie an. Dies war die Heimat von balinesischen Tänzerinnen, heiligen Männern, denen übernatürliche Kräfte nachgesagt wurden, Dichtern und Kriegern. Es schien räumlich, zeitlich und geistig unendlich weit weg zu sein von den Büros der Bostoner Beratungsfirma, für die ich arbeitete.

Meine Fantasie wurde in den vielen Stunden noch weiter angeregt, in denen ich in der öffentlichen Bücherei von Boston die Sprache des Landes studierte und Bücher über die Menschen dort verschlang. In einem Schaufenster sah ich einmal ein Plakat mit javanischen Schönheiten in Batikröcken, die am Strand im Mondschein spazierengingen. Die Gewürzinseln: Fast roch ich das überwältigende Aroma von Orchideen und Gewürznelken. Freunde luden mich ein, um

26

verschiedene Kaffeebohnen aus Java in einem Café in Cambridge auszuprobieren. Ein Bekannter lieh mir eine Aufnahme von Gamelan Musik, die vor über tausend Jahren in Java entstand. Das Orchester wird von einem Instrument dominiert, das wie ein Xylophon gespielt wird und ein bißchen wie Tempelglocken klingt. Überall schien ich diese Glocken zu hören.

Wie ein Schatzgräber hatte auch ich hohe Erwartungen. Und wie sie hätte auch ich wahrscheinlich aus Erfahrungen in anderen Teilen der Erde gelernt, meine Begeisterung etwas zu dämpfen. Ich würde zwar herausfinden, daß es tatsächlich Schätze gab, aber auch, daß Zeit und Geduld nötig waren, um sie zu entdecken. Was wir sehen, hängt davon ab, wonach wir suchen. Der wahre Klang der Glocke wird nicht von den Ohren, sondern vom Herzen gehört.

Als ich in Jakarta ankam, war ich zunächst einmal schokkiert, denn die Hauptstadt Indonesiens war anders, als ich erwartet hatte.

Zwar war die Schönheit da: die satten Gärten voller tropischer Blumen, dunkelhäutige, in Batik-Sarongs gekleidete Frauen, ein reichhaltiges Warenangebot, elegante Tänzer aus Bali, Sumatra und Java, Gamelan Musik, Fahrrad-Taxis, in denen die Passagiere sich vor dem Fahrer in bunt bemalten Kasten-Sitzen räkelten, bildschöne Moscheen und holländische Kolonialbauten. Aber Jakarta hatte auch eine häßliche, tragische Seite: Aussätzige, die um Kleingeld bettelten, Kinderprostitution, ehemals großartige Kanäle, die sich in Kloaken verwandelt hatten und an das koloniale Erbe der Holländer erinnerten, Hütten aus Kartons und Abfall, in denen die Armen neben den stinkenden Kanälen lebten, giftige Abgase, die die bleierne Luft und lähmende Hitze noch unerträglicher machten, und das unablässige Hupen endloser Autoschlangen. Das war Jakarta, das Schöne und das Häßliche nebeneinander. Die Gerüche der Gewürznelken in den hier hergestellten Zigaretten, Orchideenblüten und das herrliche Aroma der in Erdnußöl auf dem Bürgersteig zubereiteten Speisen kämpften mit dem Gestank der überirdischen Abwässerkanäle.

Meine ohnehin schon von den vielen Eindrücken bombardierten Sinne wurden durch die Zeitumstellung und die Treffen, die ich in der ersten Woche hatte, noch weiter überbeansprucht. Es war eine lange Reise gewesen, von Boston aus um die halbe Welt. Am Morgen nach meiner Ankunft mußte ich an der ersten von vielen Verhandlungen zwischen der indonesischen Regierung und der Entwicklungsbank von Asien teilnehmen. Ich war Mitglied des Teams, das die Regierung beauftragt hatte, ihr dabei zu helfen, einen günstigen Kredit von der Bank zu bekommen. Die Sitzungen waren anstrengend: wie so viele andere vor ihnen, waren sie abwechselnd voller Streß und langweilig.

„Wieso sehen Sie noch so frisch aus?" fragte ich Herrn Suja, einen meiner indonesischen Auftraggeber. Wir hatten gerade eine Teepause eingelegt und standen mit kleinen Tassen in der Hand auf dem Balkon und schauten auf einen Garten und den Parkplatz.

„Wir haben da so unsere Methoden" sagte er. „Aber für Sie muß das alles sehr anstrengend sein, da dies Ihr erster Besuch ist. Sie brauchen Zeit, um sich mit unserer Kultur vertraut zu machen."

„Wo kann ich damit anfangen?"

„Erst müssen Sie sich entscheiden, für welche unserer Kulturen Sie sich interessieren. Ich bin aus Java. Aber es gibt Tausende von Inseln und Hunderte von Kulturen. Jakarta besteht aus ihnen allen und ist doch keine davon. Viele Menschen hier haben vergessen, wer sie sind. Sie haben ihre Kulturen verloren und nichts gefunden, was sie ersetzen könnte. Schade."

Wir kehrten zu den Verhandlungen zurück. Als wir am Abend gingen, nahm Herr Suja mich beiseite. „Wenn Sie wirklich mein Land kennenlernen wollen, schlage ich vor, in Bandung zu beginnen. Es ist der Mittelpunkt von West-Java, mit dem Zug oder dem Auto nur ein paar Stunden von hier. Ich würde mich freuen, wenn ich Ihnen ein Zimmer in einem der Gästehäuser der Regierung reservieren dürfte. Das wäre der ideale Platz für Sie, um Ihren Bericht zu vervollständigen."

Sobald ich die Vororte von Jakarta verlassen hatte, wurde ich zu einem Teil von Java. Als ich in die Berge fuhr, wußte ich, daß dies das Indonesien war, das ich gesucht hatte. Die Erinnerung an die erdrückende Schwüle der Stadt verflüchtigte sich in der kühlen Bergluft.

Der Fahrer, den Herr Suja mir zur Verfügung gestellt hatte, hielt des öfteren an. Er bestand darauf, daß ich ausstieg, mich streckte, tief durchatmete und Fotos machte. Als er hörte, daß ich ein paar Worte der Amtssprache Bahasa Indonésia sprach, ermutigte er mich, vorbeigehende Leute anzusprechen. Meistens waren das Bauern, die zum ersten Mal einen Amerikaner trafen. Sie waren unglaublich fröhlich und begrüßten mich wie einen alten Freund. Einige trugen lange Stangen auf ihren schmalen Schultern, an deren Enden Eimer hingen, die im Takt ihrer Schritte auf und ab schwangen. Die meisten von ihnen arbeiteten in den Reis-, Kaffee- und Teeplantagen und trugen großkrempige Strohhüte. Ihre Haut war gegerbt, ihnen fehlten Zähne, ihre Kleidung war zerrissen und geflickt, und sie lachten oft.

Wir fuhren immer höher in die Berge hinauf. Wir kamen in ein Dorf, wo barfüßige Jungen einen Ball auf die Straße kickten, als ob sie unseren Jeep zu einem Spiel auffordern wollten. Als wir weiterfuhren, sagte ich zu dem Fahrer, daß die Jungen mager und arm ausgesehen hätten.

„Ich bin Javaner" sagte er stolz und drückte seinen Daumen gegen die Brust. „Das sind meine Leute. Wir sind nicht arm.

Diese Jungen haben vielleicht kein Geld, aber sie sind nicht arm."

Kurz darauf parkte er den Jeep an einer Stelle, von der aus wir über ein großes Tal blicken konnten. Wir gingen zur Böschung, wo eine orangefarbene Blume an einem Busch blühte. Er kniete nieder, als ob er beten würde, und starrte sie mehrere Augenblicke lang an. Dann stand er wieder auf, drehte sich um und sagte leise: „Niemand, der das alles hat, kann arm sein." Er lächelte sanft. „Ich muß mich um den Motor kümmern. Sie können hier warten, wenn Sie wollen."

Obwohl er tatsächlich die Motorhaube aufmachte und darunter herumwühlte, vermutete ich, daß er mich einfach mit der Aussicht allein lassen wollte. Ich habe mich oft gefragt, ob er unsere Reise so geplant hatte oder ob Herr Suja seine Hand dabei im Spiel hatte. Auf jeden Fall geschah genau das, was Herr Suja gehofft hatte. Meine Augen konnten sich nicht von der Blume abwenden. Ich fühlte mich von ihr angezogen, fast so, als ob ich durch sie in das Tal gelangen würde.

Als wir das Gästehaus der Regierung außerhalb von Bandung erreichten, war ich bereits dem Zauber von Java verfallen. Das Haus selbst war während der holländischen Kolonialzeit gebaut worden. Von seiner großen Veranda aus konnte ich auf sanftgeschwungene Hügel, Teeplantagen und die Berge blicken, die bei unserer Ankunft langsam in die purpurnen Schatten des Abends verschwanden. Jakarta schien weit weg zu sein.

Ein alter Mann schlenderte die Stufen der Veranda hinunter. Weite Hosen schlotterten um seine Knöchel. Sein Batikhemd war mit den Götterhelden der javanischen Mythologie bedruckt. Als ich aus dem Jeep stieg, lächelte er und verbeugte sich mit zusammengefalteten Händen.

„Ich bin Toyup" sagte er.

Ich verbrachte einen Monat im Gästehaus von Bandung. In dieser Zeit lernte ich Toyup ziemlich gut kennen, denn er war

30

ein außergewöhnlich offener und mitteilsamer Mensch. Ich hatte damals keine Ahnung, daß dieser Mann mich auf eine Reise schicken würde, die viele Jahre dauern sollte.

Später wurde mir klar, daß ein großer Teil meines Lebens Vorbereitung auf diese Reise gewesen war. Es war allerdings Toyup, der mir den notwendigen Anstoß gab, um den Stein ins Rollen zu bringen.

Er hatte sein ganzes Leben in den Bergen von Java verbracht. Zwar konnte er nicht sagen, wie alt er war, aber er besaß lebhafte Erinnerungen daran, daß er erst für die Holländer gearbeitet hatte, als diese das Land beherrschten, und später für die Japaner, nach ihrer Invasion im Zweiten Weltkrieg. Er muß um die achtzig gewesen sein, als ich ihn traf. Toyup war ein lebender Beweis dafür, daß ein Mensch weit herumgekommen sein kann, ohne sich von der Stelle zu bewegen. Von ihm lernte ich, daß die wahre Reise die Reise nach innen ist.

Trotz seines gebrochenen Englisch und meiner begrenzten Kenntnis seiner Sprache verbrachten wir viele unvergeßliche Abende zusammen auf der Veranda, während die Sonne in ihrem tropischen Glanz über den Teefeldern unterging. Manchmal verließen wir das Gästehaus nach dem Frühstück oder am späten Nachmittag, und Toyup zeigte mir sein Indonesien. Auf uralten Straßen wanderten wir durch die bestellten Felder und Dörfer voller Bauern, die immer zu lachen schienen. Toyup zeigte mir ein Indonesien, das zwar materiell arm, aber spirituell reich war.

Toyup besaß große Lebenserfahrung und hatte die seltene Fähigkeit, seine Erfahrungen an andere weitergeben zu können. Seine Geschichten waren ebenso bunt wie das Batikhemd, das er trug. Japanischer Buddhismus vermischte sich mit dem Islam, der bedeutendsten Religion des modernen Indonesien. Dazu kam noch der Mystizimus der Ramayama Tradition, die vor Hunderten von Jahren aus Indien gekommen war.

Es gab ein Thema, das alle anderen dominierte. Dieses Thema charakterisierte Toyup mehr als alles andere. Es gab ihm eine Kraft, die ihm durch ein langes hartes Leben geholfen hatte und die ihm, trotz seines fortgeschrittenen Alters, die Neugier eines unschuldigen Jugendlichen gab, der sich auf jedes neue Abenteuer freute. Seine Geschichten spiegelten seine starke persönliche Überzeugung wider, daß wir sind, was wir sein wollen; daß wir immer sein müssen, statt zu versuchen, etwas zu werden. Mehrmals erzählte er mir verschiedene Versionen der Geschichte von O-Naami, dem großen Ringer.

O-Naami war ein bekannter Ringer, der unglaublich stark und im Kampf erfahren war. Im Training konnte er jeden besiegen, sogar seinen Lehrer. Aber in öffentlichen Wettkämpfen war alles ganz anders, er wurde unsicher und zweifelte an seinen Fähigkeiten. Er machte unnötige Fehler und verlor oft sogar gegen schlechtere Ringer.

Eines Abends besuchte ihn ein großer Lehrer, dem der Ruf vorausging, der weiseste zu sein. „O-Naami" sagte er, „du bist die große Welle. Du mußt daran glauben, du mußt es sein. Gehe in dein Zimmer, bleibe die ganze Nacht auf, denke an die große Welle. Glaube an das, was du bist. Du bist diese riesige Welle, die alles, was sich ihr in den Weg stellt, zerstört."

O-Naami ging in sein Zimmer und meditierte die ganze Nacht. Zuerst dachte er nur an Wellen. Wenn sich andere Visionen dazwischendrängten, fegte er sie beiseite. Im Laufe der Nacht wuchsen die Wellenberge allmählich an. Sie rauschten, brachen über ihm zusammen und füllten das ganze Zimmer. Als die Sonne aufging, waren die Wellen in seinem Zimmer zu einer donnernden Sturmflut angeschwollen.

Danach gewann O-Naami die Meisterschaft im Ringen; niemand konnte ihn mehr besiegen.

Toyup liebte diese Geschichte und wandte sie auf sein eigenes Leben an. Er war in eine Bauernfamilie hineingeboren worden und sein größter Wunsch war gewesen, sich zu bilden. Aber seine Eltern machten ihm keine Hoffnungen. Sie waren zu arm und schickten ihn schon in jungen Jahren zur Arbeit in die Teefelder.

„Aber" sagte er, und sein Gesicht verzog sich zu einem zahnlosen Grinsen, „ich sagte mir, ich bin schlau, ich lerne schnell, ich brauche kein Geld für Schulen." Er verließ die Felder und ging nach Bandung, wo er Arbeit als Diener für einen holländischen Kaufmann fand. „Ich schlief wenig, arbeitete schwer, und nachts übte ich holländisch. Ich wurde Übersetzer und bekam eine gute Ausbildung von den Holländern." Als sich die Holländer vor den japanischen Invasoren zurückzogen, wiederholte er den Vorgang und lernte japanisch.

„Wissen Sie" sagte er, und seine Augen leuchteten vor Begeisterung, „ich versuchte nicht, mich zu bilden, ich bildete mich. Ich sage mir immer: 'Das Selbst ist weise. Ich arbeite schwer, lerne immer mehr, ja, aber ich versuche nicht, etwas zu werden. Einfach sein! Wer immer versucht, etwas zu werden, wird nie das sein, was er will. So lebt kein weiser Mensch.' Jetzt weiß ich alles über Holland, Japan, Christen, Buddhisten, Muslime, Amerikaner. Als ich jung war, sagte ich: 'Toyup, sei schlau.' Ich meditiere, so wie O-Naami."

Toyup meditierte jeden Morgen vor dem Früstück und noch einmal am Abend. Er entschuldigte sich und verschwand für zwanzig bis vierzig Minuten. Nach seiner Rückkehr berichtete er kurz von dem Nutzen, den er aus seiner Meditation zog. Rückblickend weiß ich jetzt, daß er mich auf seine Weise ermuntern wollte, seinem Beispiel zu folgen. Da Meditation mir immer etwas sehr Persönliches zu sein schien, traute ich mich noch nicht, ihn danach zu fragen, und doch war ich neugierig, seine Methode zu erlernen. Ich wollte wissen, ob seine Methode sich von der transzendentalen Meditation und den anderen Techniken unterschied, die in den sechziger Jahren im Westen zur Mode geworden waren.

Eines Morgens, als wir zu einem Dorf gingen, erwähnte ich ganz nebenbei, daß ich auch schon meditiert hatte. Er lächelte und nickte: „Sehr gut, hat es Ihnen gefallen?" Ich sagte, es habe mir Spaß gemacht, aber daß ich nicht wirklich wisse, wie ich meditieren solle. Ich interpretierte sein Schweigen vielleicht deshalb als Zurückhaltung, weil ich mich selber etwas schämte, in einen so privaten Raum eingedrungen zu sein, an dem ich nicht teilhaben konnte. Es stellte sich allerdings heraus, daß Toyup in dieser Beziehung überhaupt nicht zurückhaltend war.

An dem Abend fragte er mich, ob ich am nächsten Morgen mit ihm meditieren wolle. Natürlich wollte ich.

Er lebte in einem winzigen Zimmer im hinteren Teil des Gästehauses. Kurz nach Sonnenaufgang ging ich zu ihm. Das Mobiliar war einfach und bestand aus einem Strohsack, der auf der Erde lag, und einer alten hölzernen Truhe. Auf der Truhe stand ein Foto von Toyup, umringt von Kindern.

„Meine Enkelkinder" sagte er. „Meine Frau starb vor vielen Jahren, aber meine Familie ist groß, und wir lieben uns sehr." Langsam setzte er sich auf den Strohsack und bedeutete mir, es ihm gleichzutun.

„Toyup" sagte ich, „ich bin mir nicht sicher, daß ich es richtig mache."

„Ach, wissen Sie, es gibt keinen richtigen Weg. Nur Ihren Weg, aber..." – er lachte, weil er wußte, daß er sich jetzt gleich widersprechen würde. „Es gibt zwei Methoden, die ich am liebsten mag. Zuerst entspanne ich mich völlig und lasse den Körper los. Alle Muskeln legen sich zum Mittagschlaf hin. Dann wähle ich eine der beiden Möglichkeiten. Ich denke an ein Wort, immer an das gleiche. Das Wort, mit dem Sie Gott bezeichnen, ist gut, oder das Wort ‚Liebe'. Ich spreche dieses Wort, wenn ich ausatme. Ich denke an nichts anderes als dieses Wort, lasse keine anderen Gedanken zu.

Die andere Möglichkeit ist, daß ich mir vorstelle, ich sei ein Fisch. Wenn ich ausatme, steigen Luftblasen auf. Ich entspanne meinen Verstand und sehe Dinge in den Blasen. Ich sehe das, was mir in den Sinn kommt, kurz in den Blasen. Wenn die Luftblase platzt, ist der Gedanke weg. Ein neuer Gedanke kommt in einer neuen Blase. Werden Sie zum Fisch."

Das war einfach und machte mir Spaß. Während meiner Zeit in Bandung brauchte ich nur meinen Bericht zu vervollständigen und stand nicht unter Druck. Durch die Meditation mit Toyup erlangte ich einen geistigen Frieden, den ich bisher nicht gekannt hatte. Meine Frage war beantwortet worden: Seine Methoden ähnelten denen, die im Westen gelehrt wurden. Toyup hielt allerdings ein besonderes Wort oder Mantra nicht für besonders wichtig. Im Westen war erzählt worden, daß einem das Wort von einem Guru gegeben werden muß, der dann eine beträchtliche Summe Geld dafür erhält.

Eines Abends spazierten Toyup und ich auf einer Straße, die sich durch die Teeplantagen schlängelte. Wir gingen an einer kleinen Gruppe javanischer Arbeiter vorbei, die nach einem langen Tag auf dem Weg nach Hause waren. Unter ihnen waren sowohl Babys als auch uralte Menschen. Ihre breitkrempigen Strohhüte verbargen ihre Augen, nicht aber ihre lächelnden Münder. Sie lachten, erzählten sich Witze und riefen uns freundliche Worte zu. Einige hielten an, um mit uns zu plaudern.

Nach einer lebhaften und fröhlichen Unterhaltung wandte sich Toyup an mich. „Das ist mein Volk!" sagte er. „Sie arbeiten schwer, aber sie vergessen nie, Spaß zu haben. Einige sind alt und krank. Aber sie sind, was sie sind. Heute ist die einzige Wirklichkeit, also lieben sie das Heute."

Als wir abends nach Hause gingen, erzählte Toyup von den Japanern. Sie waren Eindringlinge gewesen, und wie die meisten Invasoren hatten sie unzählige Greueltaten verübt. Die Erinnerung daran lebte in vielen älteren Indonesiern fort. Darüber wollte Toyup allerdings nicht reden; er betonte im Gegenteil, daß er großen Respekt für die Japaner hatte für das, was sie nach dem Krieg erreicht hatten. „Wissen Sie" sagte er, „sie sind ein Volk, das lieber sterben würde, als zu verlieren. Aber sie verloren den Krieg. Sie wurden ..." – er suchte nach dem Wort und fand es schließlich mit meiner Hilfe, „... gedemütigt. Aber sie ließen sich nicht unterkriegen. Aus der Asche sind sie wiederauferstanden. Sie sagen von sich selber: 'Wir sind ein großes Volk, wir nehmen die Niederlage nicht hin, wir gewinnen trotzdem.'" Er sah in den Himmel und breitete seine Arme aus. „Jetzt gewinnen sie durch ihre Autos, Fernseher, Computer, Fotoapparate, durch alles, was sie herstellen."

Nachdem ich mich von ihm verabschiedet hatte und in mein Zimmer gegangen war, schaute ich auf die schattenhaften schwarzen Berge und zu den Sternen, die über ihnen funkelten. Ich erinnerte mich an das Plakat mit dem im Mondschein liegenden Strand, das ich im Schaufenster in Boston gesehen hatte. Dann an Herrn Suja, der mit einer Tasse Tee in der Hand auf dem Balkon stand. An die orangefarbene Blume, die mir der Fahrer gezeigt hatte. An Toyup und an O-Naami.

Ich war weit weg von zu Hause, auf der anderen Seite der Erde. Das romantische Bild des Reiseplakats und die Wirklichkeit der Berge Javas, die in der Ferne aufragten, vermischten sich und schienen den Teil meines Verstandes zu verspotten, mit dem ich bisher die Welt gesehen und mit dem ich mich seit frühester Kindheit identifiziert hatte.

Die Entfernung zwischen Boston und Bandung konnte in Kilometern ausgedrückt werden. Aber um die Entfernung zwischen der Kultur von Toyup und meiner eigenen zu messen, bedurfte es einer inneren Landkarte, auf der die

36

Maßeinheiten subjektiver Natur sind und auf der, wie auch auf den Karten der frühen Seefahrer, große Gebiete als unbekannt, unerforscht oder nicht zugänglich eingetragen sind. Während ich zu den fernen Galaxien hinaufstarrte, schien es mir, als ob meine Reise von Boston nach Jakarta unbedeutend kurz gewesen war, verglichen mit der inneren Reise, die ich angetreten hatte, als ich von Jakarta nach Bandung kam.

Ich saß still. Mein Körper war entspannt. Ich konzentrierte mich auf die Erinnerung an die orangefarbene Blume. Mein Geist führte mich zu ihr, durch sie hindurch, und ich schien über dem Tal zu schweben. Ich sah mich als Kokon, der das Tal einhüllte, und doch schloß das Tal mich auch irgendwie ein. Mitten in dieser Erfahrung erkannte ich, daß Wirklichkeit nur Ansichtssache ist. Sie ist ein innerer Vorgang, der im Kopf eines jeden von uns anfängt und aufhört.

Toyup war gebildet, weil er sich als gebildet betrachtete. O-Naami hatte nichts außer seiner Wahrnehmung verändert. Ich fühlte, wie mein Geist über den Pazifik nach Amerika flog. Vor meinem geistigen Auge sah ich die grellen Lichter eines Fernsehstudios und die bekannten Gesichter zweier amerikanischer Sportler. Beide behaupteten, daß sie schon Sieger waren, lange bevor die Welt es anerkannte. Beide handelten wie Weltmeister, schon bevor sie die Titel bekamen. Beide waren, bevor sie wurden. Ich fragte mich, was wohl passiert wäre, wenn Muhammed Ali oder Joe Namath sich nur als Zweitbeste betrachtet hätten.

Die Ruinen von Uxmal

„Es ist die Bereitschaft, zu scheitern, die einem Menschen Weisheit verleiht. Der Unterschied zwischen einem Menschen, den wir als erfolgreich respektieren, und dem, den wir einen Versager nennen, ist der, daß der erste gescheitert ist und es noch einmal versucht hat, während der zweite nur gescheitert ist. Wenn jemand scheitert, heißt das nicht, daß die Lösung falsch war. Scheitert ein Vorhaben, ist das meistens mangelnder Aufmerksamkeit zuzuschreiben. Man muß sich konzentrieren."

Viejo Itza

Auf Mexikos Yukatan-Halbinsel herrscht eine merkwürdige Mischung aus hochmodernen Hotelkomplexen, unberührtem Dschungel, Städten aus der spanischen Kolonialzeit, indianischen Dörfern und riesigen Pyramiden, die von den Maya errichtet wurden. Angezogen von dieser geheimnisvollen Kultur, kehrte ich immer wieder zu diesen Pyramiden zurück. Lange bevor Kolumbus zu den Gewürzinseln aufbrach und in Amerika landete, hatten die Maya bereits einen Kalender entwickelt, der genauer ist als unserer; sie hatten Steingebäude errichtet, die zwanzig Stockwerke hoch in den Himmel ragten; sie hatten ihre eigene Schrift entwickelt und dann alles, was sie erschaffen hatten, aufgegeben und waren in den Dschungel zurückgekehrt.

Heute leben viele Maya ähnlich wie ihre Vorfahren in Stroh- und Lehmhütten in der Nähe der Ruinen. Sie sprechen die alte Sprache, kleiden sich wie ihre Ahnen und beten nach wie vor zu den alten Göttern. Maya-Wachen schließen die Tore zu den Ruinen bei Sonnenuntergang, aber am Morgen finden die Besucher manchmal Spuren nächtlicher Aktivität, wie das geschmolzene Wachs von Ritualkerzen, das an den Statuen herunterläuft.

Eine Ruine der Maya-Kultur scheint kaum der richtige Ort zu sein, um einen Mann zu treffen, der Theorien zur Problemlösung vertritt, die den Methoden der Spitzenführungskräfte der amerikanischen Wirtschaft ähneln. Doch genau hier traf ich Viejo Itza. Viejo bedeutet auf spanisch „alt", und Itza ist ein Maya-Name. Ich sah ihn zum ersten Mal, als er im Schatten der Pyramide der Zauberer in Uxmal saß. Er beobachtete mich aufmerksam, das Kinn auf seine runzeligen Hände gestützt, die um einen Spazierstock gefaltet waren. Als ich ihn meinerseits anschaute, bedeutete er mir, mich neben ihn zu setzen.

„Sie wissen viel über die Maya," stellte er fest. Ich erzählte ihm, daß ich schon viel gelernt, aber noch viele offene Fragen hätte.

„Ja." Er nickte langsam. „Ich habe Sie beobachtet und weiß, wovon Sie reden. Sie haben viele Fragen, von denen ich Ihnen einige beantworten kann, aber nicht alle."

Viejo Itza arbeitete als Touristenführer in den Ruinen. Für ein paar Dollar am Tag führte er Besucher durch Uxmal. Er hinkte stark und lehnte sich auf seinen Spazierstock wie auf eine Krücke. Trotz seiner Behinderung schien er nie zu ermüden. Ich schrieb diese Energie der Tatsache zu, daß er seine Arbeit leidenschaftlich liebte. In seinen Augen konnte ich die Begeisterung sehen über das, was er tat. Ich konnte sie in seiner Stimme hören und in der Art spüren, wie er Hände und Arme bewegte, wenn er die umliegenden Gebäude der Maya beschrieb.

Nachdem wir Freunde geworden waren, erzählte er mir, daß er mich mehrere Tage lang beobachtet hatte, bevor er mir an dem Nachmittag am Fuß der Pyramide der Zauberer auffiel. Er hatte etwas an mir wahrgenommen, das sich von dem unterschied, was er von Touristen gewöhnt war. „Du warst nicht einfach nur ein Beobachter", erzählte er mir. „Du warst völlig gefesselt. Du sahst aus, als ob du träumtest oder meditiertest. Du hast versucht, an etwas teilzunehmen. So machen es auch die Maya." Ich faßte das als Kompliment auf und als Einladung, mich näher mit seiner Welt zu beschäftigen.

In den nächsten zwei Wochen blieb ich in der Nähe der Gruppen, die ihn engagierten. Ich hörte zu, beobachtete und versuchte, alles mit seinen Augen zu sehen. Wie er sich als Führer benahm, hing vom Interesse der Touristen ab. Bei denen, die sich wirklich dafür interessierten, strengte er sich an, ihnen die Architektur, die landwirtschaftlichen Methoden und die sozialen Gebräuche der Maya zu erklären. Seine Vorträge waren von spannenden Geschichten über die modernen Maya durchdrungen und durch Mythen und Sagen seiner Vorfahren bereichert. Obwohl mich das Thema faszinierte, merkte ich doch, daß mein Interesse sich von den Maya im allgemeinen zu diesem einen Mann im besonderen verlagerte.

Eines Nachmittags, nachdem die Touristen weg waren, gingen wir zusammen in die Stadt. Die Luft war voller Rauch von den kleinen Feuern, mit denen das hohe Gras und die Sträucher von der Straße weggebrannt wurden. Es war ein langer Tag gewesen, den Viejo Itza größtenteils mit einer großen Reisegruppe von Studenten amerikanischer Universitäten verbracht hatte. Da er stark humpelte, wußte ich, daß sein lahmes Bein ihn mehr als sonst schmerzen mußte, und fragte ihn, wie er dazu gekommen war. Er erzählte mir, daß er als Jugendlicher an archäologischen Ausgrabungen der frühen Maya-Kultur gearbeitet hatte. Eines Abends, als die Männer plaudernd herumsaßen, nahm er die Herausforderung eines anderen Arbeiters an, um die Wette zur Spitze der Pyramide zu laufen. Während des wilden Rennens rutschte er auf einem lockeren Stein aus. Seit dem Fall von dem riesigen Bauwerk hinkte er.

40

Der Unfall veränderte sein Leben. Für einen Krüppel ist es auf der Yukatan-Halbinsel schwer, Arbeit zu finden. Viejo Itzas Verletzung war so schwer, daß er für den Rest seines Lebens auf die Hilfe anderer hätte angewiesen sein können. Wie so viele Behinderte auf der Welt, hätte er bei seiner Familie leben und sich mit Betteln durchschlagen müssen. Stattdessen begann er, sich für Archäologie zu interessieren und wurde schließlich Touristenführer.

Bei seinen Mitmenschen war er sehr geachtet, und Männer, Frauen und besonders Kinder kamen zu ihm, um ihn um Rat zu bitten. Es schien mir, daß sie zu ihm kamen, so wie Menschen in den technologisch fortgeschrittenen Gesellschaften zu einem Psychologen gehen. Viejo Itza war aber mehr als nur ein Ratgeber, er war auch ein guter Freund, der es irgendwie schaffte, objektiv zu bleiben, wenn er sich mit den Problemen der Menschen befaßte.

Nachdem sich eine Freundschaft zwischen uns entwickelt hatte, ergaben sich öfters Gelegenheiten, mit ihm zurück in die Stadt zu gehen, nachdem die Tore von Uxmal am Ende des Tages geschlossen wurden. Dann setzten wir uns vor eine kleine Kneipe und tranken Bier. Andere, die sich unterhalten wollten oder seinen Rat suchten, setzten sich dazu. Obwohl sie über sehr persönliche Dinge sprachen und sich am liebsten in der Maya-Sprache unterhielten, wählten sie Spanisch, weil sie wußten, daß ich als sein Gast sonst ausgeschlossen gewesen wäre.

Ich hörte zu, wie er zu vielen Themen Ratschläge gab. Was mich am meisten beeindruckte, war, daß er keine Lösungen anbot, sondern versuchte, seinen Zuhörern beizubringen, wie sie selbst Probleme lösen konnten. Immer wieder betonte er, daß jeder von uns die Fähigkeit hat, eine innere Kraft zu entwickeln, mit der jedes Problem gelöst werden kann. Wenn wir unseren Willen bündeln, können wir jede Angst überwinden.

Oft erinnerte er seine Zuhörer: „Vergeßt nie, daß ihr selbst eine heiße Flamme mit bloßen Händen ausdrücken könnt. Es steht in eurer Macht, das zu tun. Bündelt eure Energien, und ihr werdet Wunder vollbringen." Diese Worte erinnerten mich an Mythen aus anderen Kulturen: „... Wolken auflösen ... durch Wände gehen ... Türen aus den Angeln heben."

Ein Spätnachmittag ist mir in besonders lebhafter Erinnerung geblieben. Eine Gruppe von Jungen und Mädchen saß im Kreis auf dem Lehmboden vor der Kneipe, und Viejo Itza saß auf einem Holzstuhl in der Mitte. Sein Spazierstock lag auf seinen Knien. Die Menschen hier waren zwar an Hitze gewöhnt, aber an diesem Tag war es ungewöhnlich schwül. Kein Lüftchen regte sich. Am Horizont blitzte es. Der Wirt mixte ein Getränk aus Früchten, Sprudel und Eis, das uns abkühlen sollte. Selbst die Fliegen bewegten sich wegen der Hitze langsamer, sie schienen schläfrig, zufrieden damit, auf den altersschwachen Holztischen zu sitzen.

„Denkt daran", belehrte Viejo Itza seine Zuhörer, „es hängt von euch selber ab. Hier!" Langsam hob er den Spazierstock aus seinem Schoß und zeigte damit auf sein Herz. „Ihr habt die Kraft, eure Probleme zu lösen." Jetzt zeigte er mit dem Stock auf seinen Kopf. „Wir alle wissen, daß wir ein Gehirn haben." Er klopfte gegen seine Schläfen. „Aber was wirklich wichtig ist, ist die Seele." Zurück zum Herzen. „Ihr tragt das Wissen in euren Gehirnen." Er zielte mit dem Stock auf den Himmel und drückte auf einen unsichtbaren Abzug. „Aber Wissen ohne Willen und ohne Konzentration ist wie ein Vogel ohne Flügel." Er ließ den Stock auf den Boden fallen und beugte sich vor.

„Laßt euch nicht von euren Herzen einreden, daß ein Problem unüberwindbar sei. Wenn ihr das hört, müßt ihr wissen, daß das Herz euch nur auf die Probe stellen will. Ihr seid Maya. Denkt daran, was eure Vorfahren vollbracht haben. Erinnert euch an die Pyramiden. Stellt euch vor, ihr geht auf einer Mauer. Fragt euch, was die Maya immer gefragt haben: Wie hoch ist diese Mauer? Was passiert, wenn ich herunterfalle? Werde ich sterben oder mir ein Bein brechen? Meistens sind eure Mauern nicht sehr hoch, es wird euch nicht wehtun, herunterzufallen. Ihr werdet es kaum glauben, aber es gibt nur wenige wirklich lebensgefährliche Situationen. Unsere Vorfahren wußten das und erbauten großartige Städte. Stellt euch vor, welche Probleme sie dabei lösen mußten. Also entspannt euch. Es macht doch nichts, wenn ihr einmal scheitert. Klettert wieder auf die Mauer hinauf und versucht es noch einmal." Er schaute in die Runde der aufmerksamen Gesichter.

„In meinem langen Leben bin ich nur einmal so tief gefallen, daß es wirklich geschmerzt hat." Er klopfte auf sein lahmes Bein. „Und das hatte nichts mit einem Problem zu tun, es war einfach ein Unfall. Jedes Problem, dem ich gegenüberstand, war höchstens eine Stufe, nicht einmal eine richtige Mauer. Natürlich sahen einige zuerst sehr hoch aus. Mein Herz setzte aus und stellte mich oft auf die Probe. Es sagte: 'Viejo, dieses Problem ist ein Berg, versuch bloß nicht, ihn zu erklettern.' Aber ich dachte an unsere Vorfahren und wußte, daß mein Herz entweder unrecht hatte oder daß es mich auf die Probe stellen wollte. Ich bin oft gescheitert, und wenn ich scheiterte, fiel ich. Aber es tat nicht sehr weh, also kletterte ich wieder auf die Mauer und suchte nach einer neuen Lösung.

Ein sehr weiser Mann erzählte mir einmal, daß ein Mensch durch seine Bereitschaft, zu scheitern, weise wird. Der Unterschied zwischen einem, den wir als erfolgreich respektieren, und einem, den wir einen Versager nennen, ist der, daß der erste gescheitert ist und es noch einmal versucht hat, während der zweite nur gescheitert ist." Er hob einen Finger hoch. „Dem möchte ich hinzufügen, daß ihr, nachdem ihr entdeckt habt, daß die Mauer niedrig ist und ihr euch entschlossen habt, das Problem zu lösen, alle Kraft hineingeben, die in euch ist. Wir können alle viel mehr erreichen, als wir uns zutrauen.

Konzentriert euch. Schaut euch das Problem sorgfältig von allen Seiten an. Arbeitet eine Lösung aus und weicht nicht davon ab. Laßt euch durch nichts ablenken. Für die meisten Probleme gibt es verschiedene Lösungen. Wenn ihr scheitert, bedeutet das nicht, daß die Lösung falsch war. Meistens ist das Scheitern mangelnder Aufmerksamkeit zuzuschreiben. Ihr müßt euch konzentrieren. Schaut Euch Uxmal an und denkt darüber nach, was für eine Konzentration notwendig war, um das alles zu erschaffen."

Am nächsten Tag spazierten Viejo Itza und ich durch das Nonnenkloster von Uxmal, ein wunderschönes Rechteck verzierter Steingebäude, das mich an die Akropolis erinnerte. Ich beschloß, ihm von den Ähnlichkeiten zwischen seinem Vortrag vor den Jugendlichen und einem Seminar zu erzählen, das ich vor mehreren Monaten in Boston besucht hatte.

Der Seminarleiter war Berater eines großen Unternehmens. Er versuchte, darzustellen, was die Spitzenführungskräfte der amerikanischen Wirtschaft gemein hatten. Er erzählte uns, daß diese Führungskräfte alle sehr verschieden waren. Einige rauchten Pfeife, manche Zigarren, einige Zigaretten, andere rauchten überhaupt nicht. Einige tranken Whisky, manche Wein, einige Bier, andere tranken gar nicht. Einige hatten nervöse Angewohnheiten, während andere keine hatten. Manche waren begeisterte Leser, andere zogen Fernsehen oder Vorträge vor. Einige waren verheiratet, andere ledig. Manche reisten leidenschaftlich gern, andere taten ihr möglichstes, um es zu vermeiden.

Er hatte seine Suche schon fast aufgegeben, als er eines Abends zu einer Party eingeladen wurde, auf der viele der Führungskräfte, die er studiert hatte, anwesend waren. Als er umherschlenderte, wurde ihm ein gemeinsames Merkmal bewußt. Zuerst dachte er, er bilde es sich ein. Aber je länger er beobachtete, desto sicherer wurde er sich. Er dachte sich ein kleines Experiment aus, um seine Vermutung an Ort und

44

Stelle auf die Probe zu stellen, und wie erwartet, unterstützte der Test seine Hypothese. Er hatte herausgefunden, daß jede der anwesenden Führungskräfte die seltene Fähigkeit hatte, sich zu konzentrieren. Jeder richtete seine ganze Aufmerksamkeit auf das, was vor ihm lag. Selbst auf einer so zwanglosen Zusammenkunft bezogen sich sich jeweils völlig auf eine Person und schlossen alles andere aus ihrer Wahrnehmung aus. Ihre Augen konzentrierten sich auf ihre jeweiligen Gesprächspartner, statt durch den Raum zu schweifen. Sie hörten jedem Redner aufmerksam zu und paßten ihre Unterhaltung der Person an.

Außerdem bemerkte er, daß sie die Fähigkeit hatten, ihre Aufmerksamkeit blitzschnell etwas anderem zuzuwenden. Die Konzentrationspanne war manchmal nur ein Händeschütteln und ein paar Worte lang, dann wechselten sie zur nächsten Person, aber immer waren sie vollständig anwesend. Es schien, als ob die Führungskräfte unsichtbare Schalter hatten, die sie umschalteten, wenn sie von einer Person zur nächsten und von einem Thema zum anderen wechselten. A wurde abgeschaltet, auf B eingestellt, auf volle Lautstärke gedreht, bis es an der Zeit war, B abzustellen und zu C weiterzugehen.

Der Seminarleiter untersuchte das Thema noch, als ich das Seminar besuchte. Er war offensichtlich sehr begeistert von seinem Fund und ging sogar so weit, zu behaupten, daß er daran glaube, daß ein Manager, der unfähig war, sich auf ein Problem und dessen Lösung zu konzentrieren und sich dann schnell auf ein neues umzustellen, sich nie zu einer Führungskraft entwickeln würde. „Ein Kandidat dafür muß intelligent und erfahren sein", sagte er. „Aber das trifft auf Tausende von Managern zu. Konzentration macht den Unterschied."

Nachdem ich Viejo Itza diese Geschichte erzählt hatte, schaute er mich lange an. Dann nickte er langsam: „Dein Seminarleiter ist ein weiser Mann."

Die Fledermäuse von Sulawesi

„Die Macht der Suggestion ist groß. Jede Religion lebt von Suggestion und Glauben. In meiner Kultur glauben wir, daß sie die Grundlage jeder Heilung sind. Wenn Menschen glauben, wird etwas in Bewegung gesetzt."

Herr Bendra

„Es war eine Fledermausinvasion wie in einem Hitchcock-Film." Herr Bendra, der neben mir auf dem Rücksitz des Jeeps saß, verschränkte seine Daumen und ließ seine Finger wie Flügel flattern. Er ließ sie auf mich zu fliegen und wich erst in letzter Sekunde aus. „Hunderte von Fledermäusen verdunkelten die Sonne. Ihre Flügelspannweite war mindestens zwei Meter, es war eine richtige Invasion."

„Und die Fledermäuse sind noch da?"

„Ja, Hunderte von ihnen."

Angesichts der schon bekannten Geschichte zuckte ich mit den Schultern und stellte zum tausendstenmal die Frage, die er hören wollte. „Aber wieso? Wieso bleiben sie da?"

Er tat so, als ob ihn die Frage überraschen würde, und antwortete genauso, wie er es schon unzählige Male getan hatte. „Ich weiß es nicht, wahrscheinlich ist es einfach friedliche Koexistenz. Die Menschen und die Fledermäuse leben jetzt harmonisch zusammen. Ich habe die Fledermäuse noch nie dort gesehen, aber unserer Fahrer schon." Das war eine neue Variation des Themas. Er lehnte sich nach vorne und sprach schnell im dortigen Dialekt.

Der Fahrer lachte, drehte sich zu uns um und rief etwas. Obwohl seine Stimme das Motorengeräusch übertönte, konnte ich ihn nicht verstehen. Die Sprache von Sulawesi entzog sich mir immer noch. „Er sagt, Sie werden es in drei Stunden wissen." Herr Bendra berührte meinen Arm. „Machen Sie sich keine Sorgen, wie Sie sehen, hat der Fahrer keine Angst."

Herr Bendra und ich waren seit zwei Monaten fast ständig zusammen gewesen. Er war auf Sulawesi, der großen indonesischen Insel östlich von Borneo, die bei uns als Celebes bekannt ist, als Sohn eines Lehrers geboren worden. Er hatte in den örtlichen Schulen so gute Noten gehabt, daß ihm erst ein Stipendium für die Universität in Jakarta und dann für Oxford gewährt wurde. Obwohl er die dunkle Haut und Augen und die schlanke Figur eines Indonesiers hatte, benahm er sich wie ein Europäer. Graue Streifen in seinem schwarzen Haar verliehen ihm eine Reife, die über seine vierzig Jahre hinausging. Er war von einer Regierungsbehörde damit beauftragt worden, mich dabei zu unterstützen, das wirtschaftliche Wachstumspotential von Sulawesi zu analysieren. Sulawesi wird wegen seines Umrisses auf der Landkarte liebevoll „die laufende Giraffe" genannt. Die Insel ist der Eckpfeiler eines Regierungsprogramms, das vorsieht, die Armen aus Städten wie Jakarta auf die unbevölkerten äußeren Inseln umzusiedeln.

Wir waren schon vor Tagesanbruch mit dem Jeep aus Ugung Pandang aufgebrochen. Auf der gut ausgebauten Küstenstraße waren wir zur Hafenstadt Parepare gerast. Nun fuhren wir langsam und vorsichtig in die Berge des unerschlossenen Landesinneren. Die Straße war nicht viel mehr als eine Schneise, die in den Dschungel geschlagen worden war. Während ich mir aus dem offenen Fenster den vorbeiziehenden Dschungel anschaute, dachte ich an die vielen Dinge, die Herr Bendra mir über dieses Land erzählt hatte. Er hatte mir zu vielen neuen Einsichten verholfen und war mir ein guter Freund und Ratgeber geworden.

Er stand vor einer schwierigen Aufgabe. Herr Bendra hatte von Anfang an gewußt, daß die Daten, die seine Behörde von ihm für die Präsentation bei den Vereinten Nationen haben wollte, auf Sulawesi nicht verfügbar waren. Er hätte mich als Teil der sich ständig verändernden Welt der Regierungspolitik, als Feind betrachten können. Er hätte befürchten können, daß ich in die Hauptstadt zurückkehren, meine Haare raufen und das Fehlschlagen des Projektes den hiesigen Leuten, und besonders ihm, anlasten würde. Ich wußte, daß Menschen in ähnlichen Situationen ihre Stellung verloren hatten, und war mir sicher, daß auch er das wußte. Er beschloß jedoch, völlig offen zu mir zu sein und die Aufgabe mit Humor und der Einstellung anzugehen, das Beste aus den gegebenen Umständen zu machen.

„Wir können ihnen die Daten, die sie wollen, nicht liefern." sagte er am zweiten Tag in seinem Oxford-Englisch. „Aber wir können ihnen die Eindrücke, die sie brauchen, vermitteln."

Wir hatten uns darauf geeinigt, auf die traditionellen Forschungsmethoden solcher Studien zu verzichten und uns stattdessen auf Feldforschung und persönliche Beobachtungen zu konzentrieren. Wir interviewten Dutzende von Menschen, die verschiedene Bereiche der Wirtschaft repräsentierten, von der Landwirtschaft und Fischerei über Handel und Banken, von Kleinindustrien bis zu Großunternehmen, die die Naturschätze Sulawesis in Holz, Papier und Zement umwandelten. Der letzte Teil der Reise war dem Besuch entlegener Dörfer gewidmet.

Herr Bendra hatte vor ein paar Wochen damit begonnen, mir von riesigen Fledermäusen zu erzählen. Wir hatten unsere Fahrt durch das Landesinnere geplant und vollzogen sie noch einmal auf der Landkarte nach, als sein Bleistift plötzlich von der Linie abwanderte und auf einem kleinen Punkt mit dem Namen Pinrang zum Stillstand kam.

48

„Fledermaushausen!" rief er aus. „Da müssen wir hin." Er legte seine Hand auf meine Schulter, als er meine Verwirrung bemerkte. „Sie werden glauben, daß ich verrückt geworden bin, aber wir müssen Pinrang unbedingt zusammen besuchen. Ich habe schon seit meiner Kindheit davon gehört." Er zupfte an den grauen Haaren über seinem Ohr. „Vor vielen Jahren habe ich einmal eine in einem Zoo in Bogor gesehen. Ihre Flügel waren größer als meine Arme. Ein Ingenieur erzählte mir, daß die Fledermäuse von Pinrang elektrische Kurzschlüsse verursachen, weil es vorkommt, daß sie zwischen zwei Schaltkreise fallen und beide mit ihren Flügelspitzen berühren." Er breitete seine Arme aus: „Die Schaltkreise sind fast zwei Meter weit auseinander."

Als wir in Pinrang einfuhren, wußte nur der Fahrer, was uns erwartete. Wie immer, wenn wir uns einem Dorf näherten, schaltete er in den ersten Gang und schlug mit seiner Handfläche auf die Hupe, um die Kinder von der Straße zu vertreiben. Vor einem Augenblick hatte uns der Fahrtwind noch durch die offenen Fenster ins Gesicht geblasen, aber jetzt war die Nachmittagshitze plötzlich unerträglich geworden. Wir fuhren im Schneckentempo weiter.

Die Kinder liefen neben uns her, und ihre Schreie und ihr Gelächter hallten in der Straße wider. Ein Junge, der größer als die anderen war, lief vor dem Jeep her und winkte uns um eine Ecke. Dann, als ob er wußte, warum wir von so weit her gekommen waren, sprang er zur Seite und zeigte auf einen staubigen Platz.

Zuerst sah ich dort nichts Bemerkenswertes. Es sah aus wie in vielen anderen Orten, die wir besucht hatten – ein paar Bänke und mehrere große Bäume mit riesigen Blätterbüscheln, die von den Ästen hingen. Plötzlich blieb mir das Herz im Halse stecken, als ich erkannte, daß sich einige der Blätter in der stillen Luft bewegten. Eines kroch sogar langsam auf einem Ast entlang.

Der Fahrer hielt vor dem Platz an. Herr Bendra und ich saßen still. Gigantische Flügel hingen wie schwarze Leichentücher um schlafende Körper. Ich war sprachlos.

Das lachende Gesicht des Jungen erschien vor dem offenen Fenster. Er tat so, als ob er einen Fotoapparat in den Händen hielt. Er bückte sich und tauchte einige Sekunden später mit einer Handvoll Steine wieder auf. Der Fahrer führte mich vom Jeep zu einer Stelle direkt unterhalb einer der Fledermäuse. Ich konnte nicht glauben, was ich sah. Die Fledermaus fing an, sich über uns zu bewegen, und breitete träge ihre Flügel aus. Ihre Augen öffneten sich, und der riesige Kopf wandte sich dem Jungen zu.

Plötzlich, als ob ich aus einem Traum aufwachte, merkte ich, daß der Junge die Fledermaus mit Steinen bewarf. Ich wollte protestieren, aber eine Hand griff nach meinem Arm. „Er hört nur damit auf, wenn Sie Fotos machen." Herr Bendra ließ meinen Arm los und hob seinen Fotoapparat. Ich folgte seinem Beispiel. Während ich eine Aufnahme nach der anderen machte, hörte ich ihn rufen: „Wie in einem Hitchcock-Film."

Der Junge schrie. Ich riß mich von der Fledermaus los, um ihn anzusehen. Er hatte seine Steine fallen gelassen und sprang vor mir auf und ab. Mir wurde klar, daß er auch auf den Fotos sein wollte. Ein Gerangel brach aus, als Dutzende anderer Kinder sich dazugesellten und miteinander um die besten Plätze kämpften. Die Fledermaus, die das Ziel der Steine gewesen war, flog müde davon, um auf einem anderen Baum weiterzuschlafen.

Herr Bendra führte mich die wackelige Treppe eines einstöckigen Gebäudes hinauf, das direkt neben dem Platz lag. Ein älterer Herr in weiten braunen Hosen und einer weißen Jacke wartete auf dem Treppenabsatz. Die Jacke, die er trug, war bis oben zugeknöpft und im Mao-Stil geschnitten, der in den sechziger Jahren so populär war. Sein graues Haar und seine gesunden Zähne bildeten einen angenehmen Kontrast zu seiner dunklen Haut.

Herr Bendra sprach ihn im Dialekt von Sulawesi an, dann drehte er sich zu mir um. „Ich möchte Sie seiner Exzellenz, dem Bürgermeister von Pinrang vorstellen." Das Lächeln des alten Mannes war warm und freundlich. Er schüttelte mir kräftig die Hand.

Wir folgten ihm in den einzigen Raum des oberen Stockwerkes. Er war bescheiden eingerichtet, nur mit einem Bett an der Wand, einem Tisch mit fünf einfachen Stühlen in der Mitte und einem Schreibtisch mit Sessel am anderen Ende des Raumes. Hinter dem Schreibtisch war ein Fenster, von dem aus man den Platz überblicken konnte. Durch das Fenster sah ich auf den Ast eines nahestehenden Baumes. Eine Fledermaus, deren Körper so groß wie der einer gutgefütterten Katze war, kroch langsam darauf entlang. Der Bürgermeister räusperte sich und sprach in einem melodischen Singsang.

Herr Bendra übersetzte: „Eine werdende Mutter."

Der Bürgermeister lachte schallend und tat so, als ob er mit einem Baby schmuste. Er wiegte seine Arme hin und her und sprach mit Herrn Bendra.

„Er möchte, daß Sie wissen, daß Fledermausbabies wirklich niedlich sind."

Zwei Stunden lang saßen Herr Bendra und ich am Schreibtisch des Bürgermeisters. Ab und zu machte ich mir Notizen, während der Bürgermeister geduldig seine Gemeinde und ihre Entwicklungsprojekte beschrieb. Die schwangere Fledermaus war außer Sichtweite gekrochen. Im Hintergrund hingen andere Fledermäuse schläfrig von den Bäumen des Platzes. Oft lenkten sie mich durch ihre Anwesenheit ab. Das Interview war wie die meisten, die wir geführt hatten, sehr formell, was mir außerordentlich merkwürdig vorkam, wenn ich an die Fledermäuse dachte.

Endlich drehte sich Herr Bendra zu mir um, schlug sein Notizbuch mit dem typischen Klatschen zu, das das Ende eines Interviews bedeutete. „Haben Sie noch Fragen?"

„Ja. Wäre es unhöflich, den Bürgermeister nach den Fledermäusen zu fragen?"

Nachdem Herr Bendra meine Frage übersetzt hatte, herrschte zunächst eine lange Stille. Endlich sprach der Bürgermeister, worauf beide Männer in lautes Lachen ausbrachen. Herr Bendra zog ein weißes Taschentuch aus seiner Hosentasche, wischte sich die Tränen aus den Augen und entschuldigte sich. „Ich hoffe, Sie sind nicht beleidigt, aber der Bürgermeister hat schon den ganzen Nachmittag darauf gewartet, daß Sie endlich danach fragen. Er vermutet, daß Sie die ganze Zeit kaum an etwas anderes gedacht haben."

Ich stimmte in ihr Lachen ein. Sofort schien alle Steifheit aus dem Raum zu verschwinden. Der Bürgermeister stand auf, streckte sich und ging zum Fenster. „Fledermäuse", sagte er auf Englisch. Dann wandte er sich wieder mir zu, kniff ein Auge zu und fuhr in seiner Sprache fort.

„Sie waren schon immer hier, soweit sich die ältesten Mitbürger erinnern können." Herr Bendra übersetzte. „Was möchten Sie wissen?"

„Was halten Sie von ihnen?"

„Oh", der Bürgermeister breitete sein Arme aus. Die Ärmel seiner Jacke rutschten bis zu den Ellenbogen hoch und zeigten nackte Haut darunter. „Sie sind sehr groß", sagte er.

„Ja, gut. Wünschen Sie sich manchmal, daß sie wegfliegen würden?"

„Vielleicht haben Sie gehört, daß wir einmal versucht haben, sie loszuwerden. Ein Arzt aus Jakarta kam her, um sie zu beobachten. Nach einigen Wochen teilte er uns mit, daß sie gesundheitliche Probleme verursachten. Er sagte, sie wären dreckige Tiere, und es sollte ihnen nicht gestattet sein, in unserer Stadt zu leben. Ungefähr zu der Zeit, als er uns verließ, begannen die Menschen, krank zu werden. Sie hatten alle möglichen Symptome, übergaben sich, hatten Kopfschmerzen und Durchfall.

Ich reiste höchstpersönlich nach Jakarta, um die Regierung um Hilfe zu bitten. Sie schickten ihre Experten. Männer mit eindrucksvollen Titeln erzählten uns die verschiedensten Dinge. 'Ja,' sagten sie, 'ihr müßt euch von diesen Kreaturen befreien.' Einige schlugen Fallen vor, andere Gift oder Gewehre. Ich berief eine Versammlung des Dorfes ein.

Als wir alle zusammen waren, passierte etwas Merkwürdiges. Ein Mann sagte, daß die Fledermäuse schon hier lebten, als es noch keine Menschen gab. Jemand wies darauf hin, daß es ein Fehler sei, sich mit Gottes Kreaturen anzulegen. Ein alter Heiler, der unsere Kranken betreut hatte, bevor jemals ein Regierungsarzt hierher gekommen war, stand auf. Er sagte, daß der Arzt und nicht die Fledermäuse die Krankheiten verursacht habe. Schließlich waren die Krankheiten erst nach dem Eintreffen des Arztes aufgetreten. Wie konnte dann den Fledermäusen, die schon immer mit uns gelebt hatten, die Schuld gegeben werden? Schließlich stimmten wir alle darin überein, daß der Arzt und vielleicht auch die anderen, die nach ihm gekommen waren, einen Fluch über uns gebracht hatten.

Also schickten wir sie weg. Jeden einzelnen von ihnen. Mit ihnen verschwanden auch die Krankheiten und kamen nie wieder."

„Verursachen die Fledermäuse keine Probleme?"

„Nein, sie fliegen abends fort und fressen weit weg von der Stadt Obst. Am Morgen kehren sie zurück. Unser Obst rühren sie nie an."

Auf dem Rest unserer Reise durch das Landesinnere sprachen Herr Bendra und ich viel über Fledermäuse. Sie und der Bürgermeister von Pinrang hatten einen bleibenden Eindruck auf uns hinterlassen. Wir stimmten darin überein, daß der

Arzt im engeren Sinne natürlich keinen Fluch hinterlassen hatte. Aber, wie Herr Bendra es formulierte: „Die Macht der Suggestion ist groß. Jede Religion lebt von Suggestion und Glauben. In meiner Kultur glauben wir, daß sie die Grundlage jeder Heilung sind. Wenn Menschen glauben, wird etwas in Bewegung gesetzt. Wenn sie daran glauben, daß sie krank sein sollten, werden sie krank. Wenn sie davon überzeugt sind, daß jemand sie verflucht hat, müssen sie alles tun, um den Fluch abzuwenden. Ich vermute allerdings, daß ich in einer Beziehung unrecht hatte."

„Wieso?"

„Die Fledermäuse lebten in Pinrang schon, bevor es das Dorf, bevor es überhaupt Menschen in diesem Teil von Sulawesi gab." Er verschränkte seine Daumen und flatterte mit seinen Fingern wie mit Flügeln. Sie schossen auf mein Gesicht zu. „Es gab niemals eine Invasion der Fledermäuse."

Die Vogelmänner der Anden

„Der Glaube ist wie der Mörtel, der eine Mauer zusammenhält. Du brauchst nicht an meine Religion zu glauben, um das zu verstehen. Rituale bedeuten nichts, wenn sie nicht das Herz öffnen. Es ist wichtig, das Herz zu öffnen, ihm zuzuhören und seinen Ratschlägen zu folgen. Glaube an das, was dein Herz sagt. Ohne den Mörtel des Glaubens muß selbst die stärkste Mauer zusammenbrechen."

Don José Quischpe

„Die Männer können fliegen, weil sie sich Adlerflügel an die Arme binden." Die alte indianische Frau vom Stamm der Quechua unterbrach ihre Arbeit an dem Strohhut, den sie gerade flocht, für einen Moment. „Ich weiß es, denn ich habe sie selbst gesehen."

„Es gelingt ihnen durch Meditation", sagte ein Anthropologiestudent der Universität von Cuenca in Ecuador. „Sie haben die alte Kunst der Levitation vervollkommnet, so wie die tibetischen Buddhisten."

Beide beschrieben eine Zeremonie in einem Quechua Dorf hoch in den Anden Ecuadors. Die Zeremonie stammt angeblich noch aus der Zeit vor Manco Capac, dem ersten der Inkas, die über das riesige Reich herrschten, das sich vom heutigen Kolumbien über Ecuador, Peru, Bolivien bis nach Chile erstreckte.

Cuenca wurde um 1550 von spanischen Konquistadoren gegründet. Es liegt in einer Höhe von über 2400 Metern in einem Tal, das vom Fluß Tomebamba auf seinem Weg von den Hochanden zum Amazonas geformt wurde. In der Nähe liegen die Ruinen von Ingapirca, die einmal Teil eines komplexen Befestigungssystems waren, das sich 5000 Kilometer entlang der legendären Inka-Straße der Sonne hinzog. Ingapirca ist wie viele der indianischen Dörfer um Cuenca in die geheimnisvolle Aura einer vergangenen Zeit eingehüllt.

Während des Jahres, das ich in Cuenca verlebte, hatte ich schon oft Geschichten über die Vogelmänner der Anden gehört. Aber bis jetzt waren es lediglich Gerüchte gewesen. Ich hatte angefangen zu glauben, daß die Vogelmänner nur eine Legende waren. Niemand hatte mir bisher die Lage ihres Dorfes verraten.

„Der Glaube ist der Schlüssel", erklärte Joselito Jesús Quischpe mir immer wieder, wenn ich ihn zu einer Antwort drängte. „Sie sollten nicht den Glauben anzweifeln." Don José, wie ihn seine Freunde nannten, war Manager einer Ziegelbrenner-Kooperative der Quechua in Cuenca. Ich war dort, um der Kooperative dabei zu helfen, effektive Managementstrukturen einzuführen und Absatzmärkte unter den Baugesellschaften zu erschließen, die der Oberklasse Ecuadors gehörten.

Jahrhundertelanges Mißtrauen und offene Feindschaft bestimmten die Beziehung zwischen den Quechua-Indianern und der weißen Oberklasse. Der Konflikt zwischen den Kulturen wurde für mich ein ständiges Ärgernis, da die Bauunternehmer sich weigerten, direkt von den Quechua-Ziegelbrennern zu kaufen. Daher war das Ziel meiner Arbeit, Don José Managementtechniken beizubringen und als Vermittler zwischen der Kooperative und der Oberklasse zu fungieren.

Es ist eine der vielen Ironien der dualistischen Gesellschaft Ecuadors, daß mir dieser Job auf Bitte einer Regierungsbehörde übertragen wurde, die von Mitgliedern der Oberklasse geleitet wird. Das Zentrum für wirtschaftliche Entwicklung hatte die Aufgabe, die Quechua in die gesamtwirtschaftliche Entwicklung des Landes einzugliedern. Das Zentrum wurde von einigen der gerissensten Politiker und Verwaltungsbeamten geleitet und diente, da es eine renommierte Institution war, als Karrieresprungbrett für besonders Ehrgeizige. Unglücklicherweise hatte das Zentrum große Schwierigkeiten, qualifizierte Ecuadorianer zu finden und anzustellen, die gewillt waren, direkt mit den Quechua zu arbeiten. Doch endlich bot sich das amerikanische Peace Corps als Lösung an. Das Zentrum sah im Peace Corps eine Fundgrube begeisterungsfähiger und einigermaßen talentierter Menschen, die sich in der Welt der Oberklasse zuhause fühlen würden und dann in die Quechua-Dörfer geschickt werden konnten, wo sie ihre Ärmel aufkrempeln und mit der Arbeit beginnen würden.

Ich war seit sechs Monaten ein Freiwilliger des Peace Corps in der Amazonasgegend von Ecuador und hatte versucht, herauszufinden, wie ich meine besonderen Managementtalente, oder – wie es im Jargon des Peace Corps hieß – „Organisation, Entwicklung und Management von Produktions- und Handelskooperativen" auf ein Wirtschaftssystem anwenden konnte, das auf uralten Landwirtschaftsmethoden und Tauschhandel beruhte. Ich hatte außerdem verzweifelt versucht, mit den Hautinfektionen, Insektenstichen und Verdauungsbeschwerden fertigzuwerden, die einen Neuling im Regenwald befallen können. Ich war daher überglücklich über den Auftrag, in die Berge zu gehen.

Während der ersten Monate hatten Don José und ich uns eifrig bemüht, uns gegenseitig so viel wie möglich von unserem Wissen zu vermitteln. Ich mußte alles über die Herstellung, die Klassifizierung, den Transport und den Verkauf von Ziegeln lernen. Don José brauchte Unterricht in Buchhaltung und grundlegenden Management-Methoden. Während er inzwischen Buchhaltung und Inventurkontrolle gemeistert hatte, war es mir bisher nicht gelungen, auch nur einen einzigen Vertrag abzuschließen. Wir hatten in den gesamten zwölf Monaten nicht einen einzigen Ziegel an ein größeres

Projekt verkauft. Die Mitglieder der Kooperative schlugen sich mit Kleinverkäufen an Hausbesitzer und Händler der Unterklasse durch, die in unregelmäßigen Abständen etwas abnahmen.

„Es wird passieren", sagte mir Don José. „Haben Sie Geduld und vertrauen Sie auf Gott." Er hätte hinzufügen können „So wie ich", denn sein Beispiel war inspirierend. Er war sein Leben lang Ziegelbrenner in Sinincay gewesen, einem Quechua-Dorf in den Bergen, etwa eine Autostunde westlich von Cuenca. Wie seine Nachbarn besaß er einen primitiven Brennofen. Sein jüngster Sohn hatte Lehm ausgegraben, seine älteren Brüder hatten Eukalyptusbäume als Brennmaterial gefällt. Seine Frau und Töchter hatten Ziegel geformt und in langen Reihen zum Trocknen auf die harte Erde gelegt. Nach dem Trocknen in der Sonne trugen Don José und seine Brüder die Ziegel auf dem Rücken auf den Ofen hinauf und reichten sie dann einzeln hinunter, wo sie aufgestapelt wurden. Nach der Feuerung wurden die Ziegel auf altersschwache Lastwagen verladen.

Die Familien in Sinincay liefern ihre Ziegel an Lagerhäuser in Cuenca. Die Besitzer der Lagerhäuser werden reich, indem sie billig einkaufen und mit riesigen Profiten an die Endverbraucher weiterverkaufen. Darunter gibt es Architekten und Ingenieure, die Brüder, Vettern und Onkel der Lagerhausbesitzer oder zumindest Brüder in der Bruderschaft der Oberklasse sind. Von diesem System profitieren alle, außer denen, die durch harte Arbeit die Ziegel herstellen.

Sinincay ist typisch für die modernen Quechua-Gemeinden. In dieser stellen sie zufällig Ziegel her, während in anderen Dörfern Strohhüte und Körbe geflochten, Kartoffeln geerntet, Schweine gezüchtet und Töpferwaren hergestellt werden oder die Bewohner schwere Lasten auf dem Rücken tragen oder sich auf den großen Gütern verdingen müssen. Allen ist gemein, daß ihre Muttersprache Quechua ist, daß sie arm sind und ausgebeutet werden, daß sie von den meisten Bereichen der Wirtschaft und allen sozialen Schichten, außer ihrer eigenen, ausgeschlossen sind, daß sie unter Krankheiten, Hunger und hoher Kindersterblichkeit leiden. Sie haben noch immer den Glauben, den sie schon vor der spanischen Eroberung hatten, obwohl sie offiziell der katholischen Kirche angehören.

„Wir haben schon immer so wie heute gelebt", vertraute mir Don José an. „Zunächst einmal bin ich Quechua, warum sollte ich etwas anderes vortäuschen? Was interessiert es mich, welcher Weiße gerade an der Macht ist? Sie sind alle gleich, ob sie nun Demokraten, Diktatoren oder Miltärjuntas sind. Wir wollen nur zwei Dinge, nämlich, daß unsere Kinder als Quechua aufwachsen und daß wir weiterhin unserem eigenen Gott gehorchen."

Überall in den Anden halten die Quechua an ihrer alten Religion fest. Während der Kolonialisierung wurde ihnen der Katholizismus mit dem Schwert aufgezwungen. Heute behauptet die Kirche, daß Ecuador zu 95 Prozent katholisch sei, aber es ist bekannt, daß die Quechua die Kirchenführer einfach beschwichtigen. Sie haben kirchliche Formen in ihre eigenen Rituale aufgenommen. In den Städten der Anden läuft die indianische Gemeinde oft direkt nach der Kommunion nach draußen, um auf dem Platz vor der Kirche ihre eigenen Rituale abzuhalten.

„Geld bedeutet uns nichts", erklärte mir Don José. „Atahualpa, unser Herrscher, war unglaublich reich. Aber wegen seines Glaubens übergab er seine Reichtümer an Pizarro. Wußten Sie das nicht? Das überrascht mich.

Weil Atahualpa seinen Bruder Huascar getötet hatte, wurde Gott zornig. 'Du hast einen heiligen Bund gebrochen, Atahualpa. Du und dein Volk, ihr müßt bestraft werden. Die Quechua haben so viel Blut getrunken, daß sie wie die Tiere des Dschungels geworden sind. Ihr habt nicht auf eure Ahnen gehört.

Männer, die Kleider aus Sonnenstrahlen tragen, werden bald in dein Königreich einfallen. Bekämpft sie nicht, sondern gehorcht ihren Befehlen. Die Quechua müssen diesen Männern dienen. Dein Volk muß viel lernen, Atahualpa.' Der Inka schwor, Gott zu gehorchen. Bevor er starb, ließ er überall im Reich einen Befehl verbreiten: Die Quechua müssen immer die Befehle ihrer Ahnen befolgen."

Don José hatte seine Ziegelbrennerei zu einer der produktivsten in Sinincay ausgebaut. Dann trocknete der Lehmboden aus. Das Land, auf dem sein Vater und davor dessen Vater nach Lehm gegraben hatten, konnte einen Ziegelbrenner nicht länger ernähren. Für die Landwirtschaft war der Boden ebenfalls ungeeignet. Don José hatte nur wenige Alternativen. Er hätte sich als Sklave an einen der anderen Ziegelbrenner verdingen können, von denen alle dem Boden kaum genug entlocken konnten, um ihre eigenen Familien zu ernähren, und die einer Hilfskraft wenig bieten konnten. Oder er konnte weggehen und Arbeit als Lastenträger suchen, oder in Cuenca betteln. Dann tauchte eine dritte Alternative auf. Als er mir davon erzählte, wurden seine Augen feucht. „Es war wie ein Wunder." Er senkte den Kopf und weigerte sich, mehr zu sagen. Nur soviel verriet er, daß ihm gesagt worden war, er solle eine Ziegelbrenner-Kooperative gründen. Er hatte den Besitzer eines leerstehenden Grundstücks in Cuenca überredet, ihm den Ort als Lagerhaus zu vermieten. Fünf Familien hatten ihm ihre Ziegel geliefert. „Den Rest wissen Sie."

Ich fragte mich oft, wie Don José und die fünf Familien die ersten Monate überlebt haben. Der Grundstücksbesitzer verlangte seine Miete am Ersten des Monats. Wenn sie eine Ladung Ziegel von Sinincay nach Cuenca brachten, mußten die Ziegelbrenner für den Lastwagen und den Fahrer im voraus bezahlen. Sie mußten Lebensmittel für ihre eigenen Familien kaufen, obwohl sie kaum etwas verkauften. Bevor ich kam, gab es nur die rudimentärsten Versuche einer Buchhaltung, aber durch meine eigenen Beobachtungen und die Geschichten, die ich hörte, wußte ich, daß sich fast ein Dutzend Lastwagenladungen im Lagerhaus gestapelt hatten, bis die erste verkauft wurde. Die meisten der Käufer, die ab und zu vorbeikamen, luden die Ware in hölzerne Schubkarren, auf alte Karren und in Säcke.

Die Kooperative existierte bereits sieben Monate, als das Zentrum mit mir in Verbindung trat. Don José hatte bereits gelernt, seinen Bestand zu kontrollieren. Die fünf Familien verkauften auch an andere Mittelsmänner und lieferten der Kooperative nur soviele Ziegel, wie sie brauchte, um den nötigsten Bedarf zu decken. So hatten sie zwar ein Einkommen, aber die Kooperative konnte nicht wachsen. Don José lebte etwa von einem Drittel dessen, was er verdient hatte, bevor seine Lehmböden ausgetrocknet waren.

Zuerst waren die Mitglieder mir gegenüber sehr mißtrauisch. Sie hatten noch nie vom Peace Corps gehört und wußten nur wenig über das Zentrum für wirtschaftliche Entwicklung. Was sprang für mich dabei heraus? Wie wurde ich bezahlt? Eines Tages, als ich auf einem Stapel Ziegel auf der Ladefläche eines Lastwagens saß, umringte mich eine kleine Gruppe aufgebrachter Indianer. Sie wollten wissen, wie mein Gott hieß und wann ich anfangen wolle, sie zu bekehren.

Zwei Familien versicherten mir bei jeder Gelegenheit, daß es auf ihrem Land kein Gold gab, und daß mich, wenn es mir gelingen sollte, ihnen ihr Land wegzunehmen, dort keine Reichtümer erwarteten, sondern nur die schwere Arbeit eines Ziegelbrenners.

Ich brauche nicht zu betonen, daß ich mich nach Kräften bemühte, ihre Ängste zu zerstreuen. Ich ging zu ihren Festen, aß und betrank mich mit ihnen. Mehrere Male im Monat lieh ich mir Filme von der amerikanischen Informationsbehörde in Cuenca aus, besorgte mir vom Peace Corps einen Jeep, Vorführapparat und Generator und zeigte auf der Außenwand eines Lehmhauses in Sinincay Filme. Manchmal verblüffte mich die Besucherzahl. Der Hof füllte sich mit Hunderten von Männern, Frauen und Kindern, von denen einige über eine Stunde durch die kalte Nacht marschiert waren, um Teatro Gringo, das Theater der Weißen, dreißig bis sechzig Minuten lang zu sehen. Favoriten waren eine Dokumentation von der ersten Mondlandung und ein Ausscheidungsspiel für die Weltmeisterschaft im Basketball zwischen den Boston Celtics und den Los Angeles Lakers. Da die Filmauswahl der Behörde begrenzt war, sahen wir diese beiden Filme während meines ersten Jahres bei der Kooperative jeweils ein Dutzend Mal.

Don José wurde mein Verbündeter, er war mir am nächsten und begriff als erster, daß ich etwas zu geben hatte und als Gegenleistung der Kooperative nichts wegnehmen würde. Manchmal besuchten wir andere Projekte, an denen das Zentrum für wirtschaftliche Entwicklung und das Peace Corps beteiligt waren. Während er mich an seiner Welt teilhaben ließ, begann er, meine zu verstehen. Wir hatten ein gemeinsames Merkmal, das uns miteinander verband – wir waren beide in eine uns fremde Kultur versetzt worden. Cuenca und dessen Oberklasse waren ihm bisher ebenso unbekannt gewesen wie mir die Quechua. Sein wachsender Glaube übertrug sich auf die anderen. Sie kannten ihn und vertrauten ihm, und ich konnte sehen, daß nicht nur sein Glaube an mich wuchs, sondern auch die Mitgliederzahl der Kooperative zunahm. Im zehnten Monat nach meiner Ankunft hießen wir die zehnte Familie willkommen.

Jeden Monat trafen sich die Mitglieder der Kooperative in Sinincay. Ich stand vor ihnen und berichtete über die Fortschritte, die ich gemacht hatte. Ich zählte die Namen der Mitglieder der Oberklasse auf, mit denen ich mich getroffen hatte, und erklärte meine Strategie für den kommenden Monat. Aber gegen Ende des Jahres nahm meine Zuversicht ab. Es war bekannt, daß die Oberklasse nicht mit einem Quechua verhandeln würde. Als Gringo hatte ich gedacht, daß ich dieses Hindernis überwinden könnte. Tatsächlich hatte ich Zugang zu den gehobenen Kreisen gefunden, trank mit der Elite von Cuenca Kaffee in den Straßencafés, wurde zu ihren prächtigen Festen eingeladen und unterrichtete ihre Kinder in Englisch. Ich schrieb zwar Empfehlungen für amerikanische Universitäten, schloß aber keine Verträge ab. Auf dem zwölften Treffen der Kooperative war ich so todunglücklich, daß ich aufstand und um Verzeihung bat. Ich hatte es mir in Cuenca gut gehen lassen, während diese Menschen in ihren Lehmminen und primitiven Brennöfen geschuftet hatten. Ich hatte sie im Stich gelassen.

Nach dem Treffen führte Don José mich nach draußen. Wir gingen zusammen auf einen Hügel und schauten auf den staubigen Marktplatz von Sinincay. Wir beobachteten ein kleines Mädchen, das versuchte, ein Holzbündel auf ihren Rücken zu heben. Sie band die Lederriemen um ihre Schultern und schlurfte in Richtung der weit entfernten Berge, die wir am anderen Ende des Tomebamba-Tales sehen konnten. Ein winziger Kirchturm in der dunstigen Ferne zwischen dem kleinen Mädchen und den Bergen war das einzige Zeichen von Cuenca und seinen katholischen Kirchen.

Don José legte seine Hand auf meine Schulter. „Du mußt Glauben haben", sagte er. „Auf dem Treffen warst du sehr streng mit dir selbst."

„Ich habe nicht mehr viel Zeit. Du hast immer gesagt, ich solle Geduld haben. Nun, wie du weißt, werde ich nicht mehr lange hier sein."

Er drehte mich zu sich herum. „Ich habe es dir nie erzählt", sagte er, „aber es war auf der Zeremonie der Vogelmänner, daß mir die Ahnen befahlen, eine Kooperative zu gründen. Nächste Woche wird es wieder eine Zeremonie geben. Würdest du mich bitte begleiten?"

„Der Glaube ist wie der Mörtel, der eine Mauer zusammenhält." Don Josés Worte schienen mit jedem Kilometer, den wir in die dunklen Berge hineinfuhren, neue Kraft anzunehmen. „Du brauchst nicht an meine Religion zu glauben, um das zu verstehen. Rituale bedeuten nichts, wenn sie nicht das Herz öffnen. Es ist wichtig, sein Herz zu öffnen. Höre ihm zu und folge seinen Ratschlägen. Habe Vertrauen in das, was dein Herz sagt. Ohne den Mörtel des Glaubens muß selbst die stärkste Mauer zusammenbrechen."

Wir waren vor Sonnenaufgang losgefahren und auf dem Weg in eine Stadt, die zwei Stunden entfernt in den Anden lag. Ich fuhr den geliehenen Jeep über Straßen, die manchmal als solche nur an den herumliegenden Pferdeäpfeln zu erkennen waren. Hagel schlug gegen die Windschutzscheibe. Gelegentlich tauchte eine indianische Hütte oder ein Rudel ausgemergelter Hunde im Scheinwerferlicht auf. Don José teilte sich den Beifahrersitz mit zwei Kindern. Auf dem Rücksitz saßen seine Frau und ein weiteres Mitglied der Kooperative, dessen Frau und drei Kinder. Wir sprachen wenig, außer der Unterhaltung zwischen Don José und mir über das Thema Glauben. Meistens war er auf meine Frage, wieso es für Menschen möglich wäre, zu fliegen, nicht eingegangen und hatte erklärt: „Du wirst es bald sehen" und „Es ist eine Frage des Glaubens".

Die Luft war nicht nur kalt, sondern auch dünn. Wir waren höher hinauf gefahren, als ich jemals gewesen war. Ich fing an, mich etwas schwindelig zu fühlen. „Können die Vogelmänner nur in so hochgelegenen Dörfern fliegen?"

Ohne daß ich meinen Blick von der Straße nahm, fühlte ich doch seine Augen auf mir ruhen. „Das hat nichts damit zu tun. Du verstehst es einfach nicht, stimmt's? Das Fliegen ist nicht körperlich, es ist spirituell. Ich kann dir nichts darüber erzählen, du mußt es selber erleben. Dein Erlebnis mag sich von meinem unterscheiden. Erinnere dich daran, während du zuschaust, daß die Vogelmänner fliegen, um die Ahnen um

Rat zu bitten. Atahualpa hat es so befohlen. Wir müssen die Befehle Gottes, die wir durch die Ahnen erhalten, befolgen. Diese Dinge können nicht verstanden werden, nur gefühlt. Vielleicht wirst du sie fühlen wie wir, wer weiß?"

Als wir im Dorf ankamen, konnte ich auf meiner Uhr sehen, daß die Sonne hätte aufgegangen sein sollen. Aber der Morgen war dunkel, der Hagel hatte sich in kalten Nieselregen verwandelt, und Nebel lag über dem Platz. Gelegentlich tauchten Hütten wie Gespenster aus dem Nebel auf.

Don José zeigte auf eine Hütte, die direkt am Platz lag und etwas größer war als die anderen. Ich parkte den Jeep davor. Ein grobes Kreuz war mit roter Farbe über die Tür gemalt. Als ich den Motor abstellte, bemerkte ich die Tänzer.

Zuerst hörte ich das langsame Schlagen einer Trommel, dann die hellen Töne von Bambusflöten. Ich stieg aus dem Jeep und stand im Regen. Plötzlich tauchten sie aus dem Nebel auf. Ihre riesigen Flügel schlugen im Takt der Trommel, ihre Gesichter waren hinter Fellmasken verborgen: die Vogelmänner.

Mit den Fellen von Füchsen und Hirschen und den Federn des Kondors geschmückt, tanzten sie in einem wellenförmigen Kreis. Ihre Köpfe drehten sich von einer Seite zur anderen, und ich konnte direkt in die Gesichter der Tiere sehen, deren offene Mäuler in einem Augenblick unglaublichen Schreckens erstarrt waren.

Die Vogelmänner tanzten um zwei Stämme, die gekreuzt auf dem Boden lagen. Ab und zu schrie einer von ihnen wie ein wütender Adler, brach aus dem Kreis aus und rannte auf das Kreuz zu. Im letzten Moment breitete er seine Flügel voll aus und flog hoch über die Stämme auf die andere Seite, wo er sich wieder in den Kreis einordnete.

Die eintönige Musik der Trommeln und Flöten, die Tänzer und der Nebel hypnotisierten mich. Ich verlor mein Zeitgefühl und sprach kein Wort. Langsam blies eine Brise den

Nebel vom Platz. Mehrere Dutzend Indianer standen außerhalb des Kreises. In ihre dunklen Ponchos eingehüllt, schienen auch sie sich in der Welt der Tänzer verloren zu haben.

Als ich auf meine Uhr schaute, bemerkte ich zu meiner Überraschung, daß ich mich fast zwei Stunden lang der Zeremonie hingegeben hatte. Keiner der Tänzer hatte eine Pause gemacht. Ihre Ausdauer war erstaunlich. Diese Ausdauer und ihre kraftvollen Flüge über die Stämme überzeugten mich, daß ich ein Ereignis beobachtete, daß normale menschliche Fähigkeiten überstieg.

Endlich verlangsamte sich der Rhythmus der Trommeln. Die Flügel der Tänzer sanken zu Boden, ihre Körper bogen sich nach vorne. Die Flügel, die über den Boden schleiften, machten ein raschelndes Geräusch, das ich trotz der Trommeln hören konnte. Sie zogen sich einer nach dem anderen aus dem Kreis zurück und gingen auf die Zuschauer zu. Dort wurden sie von Männern umringt, die ihnen Ponchos und Flaschen mit Trago, einem Schnaps aus Zuckerrohr, anboten. Während man sie in die Ponchos wickelte, tranken sie mit großen Schlucken aus den Flaschen.

Don José schob mich in eine strohgedeckte Hütte, in der seine Familie und die des anderen Mitglieds der Kooperative sich zu einer Gruppe aus dem Dorf gesellt hatten. Eine Flasche mit Trago wurde herumgereicht. Da der Regen inzwischen sintflutartige Ausmaße angenommen hatte, verbrachten wir die restliche Zeit in der Hütte und tranken und aßen die Speisen, die von den einheimischen Familien zubereitet worden waren.

Erst auf dem langen Weg zurück nach Sinincay hatte ich die Gelegenheit, mit Don José zu sprechen. Er hatte untypischerweise soviel getrunken, daß es sich bemerkbar machte und seine Aussprache schwer zu verstehen war. Er schien mürrisch und zurückgezogen. Als ich ihn fragte, ob er irgendwelche

Nachrichten von den toten Ahnen erhalten hatte, sagte er nur kurz: „Natürlich, viele Nachrichten." Er zog eine Flasche aus seinem Poncho und prostete mir zu. „Aber nur eine für unsere kleine Kooperative." Er schluckte hastig. „Bald wirst du einen großen Vertrag abschließen. Dann müssen wir schwer arbeiten, um ihn zu erfüllen." Er stieß meinen Ellenbogen mit der Flasche an und rülpste. „Sehr, sehr schwer."

Etwa zwei Wochen nach der Zeremonie wurde ich auf der Straße von einem großen, blonden Mann angehalten, den ich bisher nur aus der Entfernung gesehen hatte. Er war über 1,80 Meter groß und immer von mehreren Ecuadorianern begleitet. Ich war davon ausgegangen, daß er ein Einheimischer war, vielleicht der Sohn deutscher Einwanderer, und war überrascht, als er mich auf englisch mit einem eindeutig nicht-spanischen Akzent ansprach. „Sind Sie der Gringo, der mit der Kooperative der Ziegelbrenner arbeitet?" fragte er.

Ich sagte, das wäre ich, und wir gaben uns die Hand. „Meinen Glückwunsch", sagte er. „Was Sie tun, ist bewundernswert."

Er erklärte, daß er ein protestantischer Missionar aus Norwegen sei und durch ein Mitglied seiner Gemeinde von der Kooperative gehört habe. Er lud mich zum Mittagessen ein. Während wir aßen, erzählte er mir von seinen Plänen, eine Schule zu bauen, die eine Alternative zu der traditionellen, katholisch orientierten Erziehung bieten solle. „Cuenca hat ein paar ganz gute Schulen", zwinkerte er mir zu. „Aber wir glauben, daß unsere noch etwas mehr bieten wird.

Sie soll auch vom Baustil her sehr anders sein, mit jedem Klassenzimmer in seinem eigenen achteckigen Gebäude. Die Mauern sollen aus Backstein sein. Es wird das einzige Gebäude in Cuenca sein, bei dem die Steine sichtbar sind, denn wir wollen sie nicht mit Lehm bedecken. Es soll ein Glanzstück werden.

Sie wissen besser als ich, daß dies ein Problem darstellt, denn alle Backsteine im Umkreis von Hunderten von Kilometern werden in primitiven Öfen gebrannt. Die meisten dieser Steine sind nicht akzeptabel, da sie schwach, voller Risse und häßlich sind. Das macht zwar nichts, wenn sie mit Lehm beschmiert werden, aber für das, was wir vorhaben? Nein! Sehen Sie, wo mein Problem liegt? Nur die Steine, die direkt im Zentrum des Ofens in der Nähe des Feuers gebrannt werden, nur die härtesten und rötesten sind für uns akzeptabel. Wir können nur die besten gebrauchen.

Ich mache Ihnen ein klares Angebot. Wir werden alle Steine von Ihrer Kooperative kaufen. Das ist wahrscheinlich mehr, als Sie im gesamten letzten Jahr verkauft haben, und wir werden dafür den dreifachen Preis bezahlen. Als Gegenleistung müssen Sie uns garantieren, nur die allerbesten an uns zu liefern. Von jedem Lastwagen werden wir nur einen Teil akzeptieren, den Rest müssen Sie wieder mitnehmen. Sie können damit machen, was Sie wollen, wir sind nicht an ihnen interessiert. Und Sie müssen einen Lieferplan erstellen, denn wir haben keinen Lagerplatz. Aber wir können die Bautätigkeit nicht einstellen, nur weil wir auf Ihre Lieferung warten müssen. Betrunkene Ziegelbrenner oder schwere Regenfälle sind ausschließlich Ihr Problem.

Ich sollte noch etwas erwähnen. Mein Ingenieur heißt Gomez, haben Sie von ihm gehört? Gut, dann wissen Sie, daß er der beste in Cuenca ist. Er steht unseren Plänen sehr skeptisch gegenüber und weist mich ständig darauf hin, daß Cuenca nicht Oslo oder Madrid ist. Er hat mir jedoch versprochen, daß er Ihre Ziegelbrenner auch für andere Projekte einsetzen wird, wenn dieses erfolgreich ist."

Von Gefühlen überwältigt, verließ ich das Hotel. Ich war ekstatisch und besorgt zugleich. Was der Norweger vorgeschlagen hatte – sowohl die Möglichkeiten als auch die Schwierigkeiten, seine Bedingungen zu erfüllen –, war für die

Ziegelbrenner der Anden völlig neu. Ich ging direkt zum Lagerhaus der Kooperative.

Rückblickend kann ich sagen, daß mir die restliche Zeit in Cuenca einen Einblick in die Wunder des Glaubens bescherte. Ich blieb ein weiteres Jahr, und die Mitglieder der Kooperative von Sinincay übertrafen sich selbst trotz scheinbar unüberwindlicher Probleme. Die protestantische Schule wurde mit den Backsteinen der Kooperative gebaut und wurde tatsächlich ein Glanzstück. Ingenieur Gomez hielt sein Wort: Er kaufte von uns die Steine für ein zehnstöckiges Gebäude, das höchste in Cuenca. Don José übernahm meine Aufgaben. Obwohl er nicht in die Kreise der Oberklasse eingeladen wurde, behandelten sie ihn doch wenigstens als gleichberechtigten Partner im Ziegelgeschäft. Er setzte sich mit den Architekten, Ingenieuren und Bauunternehmern der Oberklasse zusammen. Gemeinsam arbeiteten sie Termine und Richtlinien für Qualitätskontrolle aus.

In Sinincay wurde von den Mitgliedern der Kooperative eine kleine, schlichte Schule aus rohen Ziegeln und Lehm gebaut. Sie war zwar nicht achteckig, aber es war die erste, die sie je gehabt haben. Die Mitgliederzahl der Kooperative wuchs; es wurde Geld bereitgestellt, um einen Lehrer anzustellen, die Familien strichen ihre Häuser, kauften Radios und Fahrräder. Kurz bevor ich abreiste, nahm eine Abordnung der Kooperative Verhandlungen mit der Elektrizitätsgesellschaft in Cuenca auf, um ein kleines Wasserkraftwerk in der Nähe von Sinincay zu bauen.

Das Wunder war nicht, daß die Vogelmänner die Ankunft des protestantischen Missionars vorausgesagt hatten oder daß es zum Vertragsabschluß kam. Das Wunder war, daß die Mitglieder der Kooperative sich so schnell und so erfolgreich den an sie gestellten Anforderungen anpaßten. Sie entwickelten einen Produktionsplan, nach dem Ziegel hergestellt und geliefert wurden, wonach nur die besten Ziegel ausgewählt und die anderen weniger anspruchsvollen Käufern überlassen wurden. Diese Aufgaben waren niemals zuvor von Quechua-Ziegelbrennern übernommen worden. Sie wandten sich dieser Aufgabe mit Eifer zu und waren, von ein paar Ausnahmen abgesehen, erfolgreich. Im Grunde hatten sie ihre ganze Arbeitsethik geändert und ein System revolutioniert, das jahrhundertelang von ihnen praktiziert worden war. Es war ein Wunder des Glaubens. Sie glaubten daran, daß Gott durch ihre Ahnen zu ihnen gesprochen hatte. Sie hatten dem Befehl Atahualpas gehorcht.

Unmittelbar vor meiner Abreise tranken Don José und ich eine Flasche Trago unter dem Dach des Lagerhausschuppens. Wir saßen an dem Tisch, an dem wir so viele Stunden damit verbrachten hatten, zusammen das Geschäft einer Kooperative zu lernen. Dann stand er auf und umarmte mich kräftig.

„Wie können wir dir jemals danken?" Er nahm seinen Strohhut ab und hielt ihn vor sein Herz. „Du hast so viel für uns getan und hast uns gezeigt, wie wir jetzt ohne dich weitermachen können. Und ich persönlich ... Ich weiß nicht, wo ich anfangen soll, aber du weißt schon, Worte sind überflüssig."

Von meiner Seite aus waren Worte ebenfalls völlig unzureichend. Ich erinnerte ihn an den Rat, den er mir gegeben hatte, als wir in die Berge gefahren waren, um die Vogelmänner zu sehen. „Diese Dinge können nicht verstanden werden, Don José, nur gefühlt."

„Ja", seine Augen leuchteten. „Und jetzt fühle ich sie."

„Ich auch."

Ich fühlte es damals, und ich fühle es heute. Diese Gefühle sind oft zurückgekommen, ebenso wie die Erinnerung an meine Erfahrungen bei den Quechua. Wenn ich eine schwierige Aufgabe vor mir habe, denke ich an die Ziegelbrenner von

Sinincay. Ich denke daran, wie schwer es für sie war und welche Schwierigkeiten sie überwinden mußten. Ihre Probleme waren nicht nur materieller, sondern auch emotionaler und kultureller Art. Sie besiegten sie; sie besiegten ihre Not durch spirituelle Kraft. Don José sagte es immer wieder auf verschiedene Weise: Woran jemand glaubt, ist nicht wichtig, aber es ist wichtig, überhaupt an etwas zu glauben. Zeit und Erfahrung haben mir bewiesen, daß das die Wahrheit ist.

Leben ohne Streß

Die fünf Elemente von »O-Naami«

Die Menschen, die ich bisher beschrieben habe, haben Glück, denn Streßbewältigungstechniken sind integraler Bestandteil ihrer Kulturen.

Erst durch meine Bekanntschaft mit ihnen und anderen Menschen in Asien, Lateinamerika und dem Nahen Osten erkannte ich, daß ich ihnen gegenüber benachteiligt war, weil meine Kultur nichts Vergleichbares kennt. Zuerst weigerte ich mich, die Lektionen, die ich gelernt hatte, voll anzunehmen und erzählte niemandem etwas davon. Aber nach einiger Zeit fing ich an, die dahinterliegenden Prinzipien ernsthaft zu untersuchen. Was ich dabei herausfand, riß mir einen Schleier von den Augen.

Die Forschung erlebte überall in den Vereinigten Staaten einen Aufschwung, und einige Forscher beschäftigten sich mit dem Thema Körper-Geist. Anerkannte Wissenschaftler begannen die Grenze zwischen Psyche und Soma, die von ihren Vorgängern errichtet worden war, abzubauen. Ehrwürdige Institutionen wie die Harvard Medical School fanden heraus, daß ein Mensch durch Meditation Körperfunktionen kontrollieren kann, die bisher als unbeeinflußbar galten. Biofeedback wurde zur Mode. Nach dem Besuch von Präsident Nixon in China wurde Akupunktur plötzlich ernstgenommen. Zu meiner Überraschung sprachen mich auf Partys immer mehr Leute auf diese Themen an. Sie verschlangen die Geschichten über ferne Länder, andere Sitten und besonders darüber, wie andere Kulturen mit Technologie und ihren Nebenwirkungen, wie Streß, umgingen. Ich hatte schon bemerkt, daß viele erfolgreiche amerikanische Führungskräfte einiges mit Toyup, Viejo Itza und Don José gemein hatten. Konzentration, Vertrauen, die Fähigkeit, Probleme zielorientiert zu definieren, nach Lösungen zu suchen, einen klaren Kopf zu behalten und dadurch die schädlichen körperlichen Auswirkungen von Streß zu verringern, schienen ihnen zu helfen, in der Welt der Wirtschaft aufzusteigen.

Seitdem sind viele Jahre vergangen, und die Körper-Geist-Forschung hat sich zu einem Riesengeschäft entwickelt. Meditation, Visualisation, Hypnose und Yoga werden in vielen Krankenhäusern und Rehabilitationskliniken benutzt. Die Wissenschaft ist in der Lage, die Auswirkungen von Streß auf den Körper zu beschreiben, von der Absonderung von Chemikalien im Gehirn bis zu der verstopften Arterie, die zum Tod führt. Der Zusammenhang zwischen Streß, Depression und Immunschwäche wurde nachgewiesen. In vielen Unternehmen sind Unternehmensberater durch Motivationsexperten ersetzt worden. Unsere Kultur hat erkannt, daß es notwendig ist, die schädlichen Auswirkungen von Streß zu kontrollieren. Wir haben uns selbst davon überzeugt, daß diese uralten „primitiven" Methoden tatsächlich funktionieren. Wir haben erkannt, daß diejenigen, die mit Streß umgehen können, gesünder, glücklicher und produktiver sind als die, die dazu nicht in der Lage sind. Trotzdem ist unsere Kultur noch weit davon entfernt, uns Werkzeuge für den täglichen Umgang mit Streß in die Hand zu geben.

Im Hinblick auf Streßkontrolle haben wir nicht soviel Glück wie die Menschen, die ich in den vorherigen Kapiteln beschrieben habe. Toyup, Viejo Itza, die Menschen von Pinrang und die Ziegelbrenner mögen viele Errungenschaften unserer technologischen Gesellschaft vermissen, aber in bezug auf Streß sind sie uns klar überlegen. Hier noch einmal eine Zusammenfassung:

Die javanischen Mythen von Toyup verbinden Elemente des Zen-Buddhismus mit dem Hinduismus. Diese bieten Unterstützung und Anleitung im Umgang mit Streß. Die Geschichte von O-Naami ist nur eine von vielen, die von den Javanern erzählt werden: Verstehe, wer du bist, dann sei es. Erkenne, was du willst, erreiche es jetzt. Versuche nicht, etwas zu werden, sei. Toyup lebt sein Leben nach diesen Prinzipien. Er brauchte sie nicht zu erfinden, sie sind ein Teil von ihm. Er braucht nur zuzuhören, zu verstehen und es seinen Eltern und Nachbarn gleichzutun.

Viejo Itza verwandelte seine persönliche Tragödie in ein Lehrbeispiel. Er benutzte die Geschichte seines Falls von der Pyramide, um seine Philosophie zu veranschaulichen und mit anderen zu teilen. Diese Philosophie ist in seiner Kultur tief verwurzelt. Die Idee von der Mauer ist uralt. Sie wurde ihm in Form von Legenden erzählt, die aus einer Zeit stammen, in der Uxmal eine blühende Stadt war. Das Problem ist nicht, daß es ein Problem gibt. Das Problem ist, nicht daran zu glauben, daß eine Lösung gefunden werden kann. Die meisten unserer Probleme sind nicht so groß, wie wir zunächst vermuten. Wir alle haben die Kraft, sie zu lösen. Wir müssen sie nur aus dem richtigen Blickwinkel sehen und dann einen Versuch unternehmen. Gelingt es nicht, versuchen wir es erneut. Wir sollten keine Angst davor haben, Fehler zu machen. Viejo Itza benutzte seinen Sturz von der Pyramide, um der jüngeren Generation die Traditionen der Maya nahezubringen.

Die Menschen in Pinrang hatten kein Problem mit den Fledermäusen, bis ein ausländischer Experte ihnen erzählte, daß sie eins hätten. Ein Doktor aus Jakarta auf Java ist für die Bewohner des Hochlandes von Sulawesi ebenso ein Ausländer wie ein Mensch aus einem anderen Land, denn die Inseln des heutigen Indonesien sind erst seit dem zweiten Weltkrieg zu einer Nation vereinigt. Die Analyse des Doktors verursachte Streß im Dorf. So war es nicht verwunderlich, daß er einen

74

ungewöhnlich hohen Blutdruck und Stoffwechsel bei seinen Patienten feststellte. Dann kehrten die Menschen zu ihren alten Traditionen zurück. Sie nahmen Zuflucht zu dem alten Brauch, Probleme offen in Dorfversammlungen zur Sprache zu bringen. So erkannten sie, daß die Krankheit sie erst nach dem Eintreffen des Arztes befallen hatte. Vielleicht war er und nicht die Fledermäuse die Ursache? Eine Lösung bot sich an: Die Menschen von Pinrang beschlossen, daß sie keine Hilfe von außen brauchten, da die Lösung bei ihnen selbst lag. Sie würden den Arzt und alles, was er repräsentierte, ausweisen. Nachdem sie ihre Beziehung zur Natur und zu Gott wieder hergestellt hatten und für sich selbst ihre Identität geklärt hatten, verschwand die Krankheit.

Die Kooperative in Sinincay hatte mit rassistischen Vorurteilen und Geschäftspraktiken zu kämpfen. Die Lösung mußte radikale Veränderungen der Arbeitsgewohnheiten ihrer Mitglieder beinhalten. In einer so traditionsverbundenen Gesellschaft wie der der Quechua sind solche Veränderungen nicht leicht. Hätte ein Regierungsvertreter oder selbst ein vertrauter Freund versucht, diese Veränderungen einzuführen, hätte das entweder zu einer Katastrophe geführt, oder nichts wäre passiert. Die Mitglieder hätten entweder rebelliert oder den Versuch einfach ignoriert, je nachdem, wie schwerwiegend ihnen die Konsequenzen erschienen. Auf jeden Fall hätte es erheblichen Streß verursacht. In diesem Fall kam jedoch der Anstoß für die Lösung durch eine ihrer Kultur innewohnende Kraft, durch eine religiöse Übermittlung, der sie blind vertrauten. Die Stimme von Atahualpa sprach zu den Mitgliedsfamilien der Kooperative durch deren lange verstorbenen Ahnen. Sie gehorchten. Danach war keine Entscheidung mehr notwendig, nur noch schwere Arbeit.

Der Glaube ist für diese Menschen wichtig. Toyups Glaube stammt aus vielen Kulturen und ist in deren Traditionen verwurzelt. Aber am wichtigsten ist sein Glaube an sich selbst und seine Fähigkeit, das zu sein, was er als sein Bestes erkannt hat. Viejo Itza glaubt an die Religion der Maya und an die Möglichkeit, Probleme so lange zu verkleinern, bis eine Lösung möglich ist. Die Menschen in Pinrang verwarfen den technologisch orientierten Glauben an die moderne Medizin und kehrten zu ihren traditionellen Werten zurück. Die Ziegelbrenner wurden durch einen Glauben erlöst, der so stark war, daß sie bereit waren, ihr Leben entscheidend zu verändern, um den Auftrag ihrer Ahnen zu erfüllen.

In den Gesprächen mit Viejo Itza tauchte die Bedeutung von Konzentration immer wieder auf. Konzentration ist der Schlüssel zu Toyups Meditationstechniken und den meisten Meditationen überhaupt. Die Vogelmänner bieten ein faszinierendes Beispiel für ritualisierte Konzentration, die manchmal durch Drogen oder Alkohol verstärkt wird. Ihre Trance-Zustände ähneln denen der Schamanen des Amazonas und der Sufis. Dabei richten sie ihre körperlichen und geistigen Energien darauf, einen spirituellen Zustand zu erreichen, der Erleuchtung genannt werden könnte.

Wir alle stammen aus Kulturen, in denen es einmal Methoden der Streßkontrolle gab. Wir müssen nur weit genug zurückgehen, um unsere Wurzeln zu entdecken. Für einige Menschen existieren sie heute noch. Toyup, Viejo Itza, der Bürgermeister von Pinrang, Don José Quischpe und viele andere leben in Gesellschaften, in denen Streßkontrolle ins tägliche Leben eingewoben ist. Das ist auch noch in bestimmten Subkulturen in den Vereinigten Staaten und Europa so und bei Menschen, die ihre Religion ernsthaft praktizieren. Andere können es noch in der Generation ihrer Eltern sehen. Aber viele von uns müssen mehrere Generationen weit zurückgehen. Unglücklicherweise verlieren immer mehr Menschen, in deren Kulturen diese Wurzeln noch lebendig sind, wie zum Beispiel auf

Java, der Yukatan-Halbinsel, Sulawesi und in den Anden, den Kontakt mit ihnen, weil sie so schnell wie möglich an den Segnungen der technologischen Welt teilhaben wollen.

Was unsere Kultur nicht anbietet, müssen wir selbst herausfinden. Wir haben erkannt, daß Streß zu einem ernsthaften Problem werden kann. Er kann zu körperlicher Krankheit und emotionalen Störungen führen. Er ist wahrscheinlich die Hauptursache von Herz- und Schlaganfällen. Wenn wir ihn nicht kontrollieren, kann er uns umbringen. Ein Ausweg kann darin bestehen, täglich die Prinzipien von »O-Naami« anzuwenden.

Können wir eigentlich ohne Streß leben? Wenn wir davon ausgehen, daß streßvolle Situationen, ähnlich wie Bakterien, immer vorhanden sind, nein. Allerdings können die Auswirkungen von Streß durch geeignete Methoden abgeschwächt werden, so wie man auch Bakterien durch eine gesunde Lebensführung in Schach halten kann. Dies kann so weit gelingen, daß wir praktisch frei sind von den lähmenden Auswirkungen von Streß.

Die fünf Bestandteile von »O-Naami« wurden im ersten Kapitel skizziert. Sie sind:

1) Seien Sie, wer Sie sein möchten.
2) Wägen Sie Probleme gegen Lösungen ab.
3) Konzentrieren Sie sich.
4) Glauben Sie an etwas.
5) Meditieren Sie.

Die Geschichten über Toyup, Viejo Itza, den Bürgermeister und Don José Quischpe sollten die ersten vier Bestandteile verdeutlicht haben. Jeder von uns wird Nutzen daraus ziehen, wenn wir sie zu einem festen Bestandteil unseres Lebens machen.

Sein

Versuchen Sie, oft an sich als die Person zu denken, die das verkörpert, was Sie am meisten schätzen. Jedesmal, wenn Sie merken, daß Sie daran denken, etwas zu werden, hören Sie auf zu denken und wiederholen den Satz: „Ich brauche nicht zu werden, ab jetzt bin ich diese Person." Das einzige Hindernis, das Sie vom Sein abhält, ist die Idee des Werdens.

Wie oft fragen die Leute „Was wollen Sie werden?" oder beklagen sich „Wenn ich nur das oder das könnte, dann wäre ich jemand". Lernen Sie, solche Gedanken beiseitezuschieben. Denken Sie an die Person in Ihnen, die das ist, was Sie am meisten schätzen. Seien Sie diese Person, soweit es geht.

Eine Freundin erzählte mir immer wieder, daß sie eine Schriftstellerin sein wolle. Dabei schrieb sie sehr viel, aber sie tat es in dem Glauben, eine Schriftstellerin werden zu wollen. Dadurch wurde ihr Schreiben gehemmt. Es war darauf gerichtet, etwas zu werden, deshalb war es nicht wirklich ein Ausdruck von ihr, sondern eher ein Versuch, sich dem anzupassen, was eine Schriftstellerin schreiben sollte. Das verursachte Streß, und durch den Streß wurde das Schreiben noch gehemmter. Nachdem sie »O-Naami« praktiziert hatte, erkannte sie, daß sie bereits eine Schriftstellerin war. Je mehr sie das verstand und daran glaubte, desto weniger Streß war sie ausgesetzt, und desto besser wurde ihr Schreiben.

Unsere Gesellschaft legt Wert darauf, Dinge zu erwerben, zum Beispiel materielle Dinge wie Geld, Kleidung, Häuser und Autos. Das beinhaltet auch Nichtmaterielles wie die Mitgliedschaft in Vereinen, Bildung, Titel und alle möglichen Trophäen. Dieser Prozeß erfordert Zeit, Geduld und genaue Planung. Geduld und die Fähigkeit zu planen sind sehr bewundernswert, aber während Sie planen und geduldig sind, sollten Sie nicht den Fehler machen, darauf zu warten, etwas zu werden. Seien Sie ein Teil des Prozesses. Bildung entsteht nicht durch ein Diplom, Sieger werden nicht in einem einzigen Wettkampf entschieden, ein Mensch wird nicht an dem Tag zum Schriftsteller, an dem ein Verleger ein Manuskript akzeptiert.

Probleme lösen

Wenn Probleme auftauchen, konzentrieren Sie sich auf deren Lösung. Es nützt nichts, darüber zu jammern, daß Sie ein Problem haben. Was getan werden muß, ist, sich für einen Lösungsweg zu entscheiden und ihn auszuprobieren.

Stellen Sie sich das Problem als Mauer vor. Ist sie einen Meter hoch, zehn Zentimeter oder nur einen Zentimeter? Wenn Sie keine Lösung finden, wie tief werden Sie fallen? Welche Konsequenzen ergeben sich daraus?

Tragen Sie die Mauer bis zu ihrer wirklichen Höhe ab. Schauen Sie sie genau an. Seien Sie realistisch. Überschätzen Sie nicht aus lauter Angst die Höhe. Viejo Itza sagte mir, daß das Herz oft versucht, uns auf die Probe zu stellen, indem es ein Problem als unüberwindbar darstellt.

Ein Manager stand vor einer wichtigen Entscheidung und bat mich um Rat. Er glaubte, daß eine falsche Entscheidung ihn seinen Job kosten würde. Wie so viele von uns, hatte er unter Streß die Tendenz, das Negative überzubetonen. Er hatte sich bereits ein Katastrophenszenario ausgedacht: Wenn ich 'rausgeworfen werde, kann ich mein Haus nicht abbezahlen. Wird mir das Haus weggenommen, wird sich meine Frau von mir scheiden lassen. Das Gericht wird ihr das Sorgerecht für unsere beiden Kinder übertragen, und mein Leben ist ruiniert. Dieses Denken trieb die Mauer in die Höhe. Streß wurde zu einem Element, das drohte, seine Entscheidungsfähigkeit zu beeinträchtigen.

Während unseres Gespräches tauchte eine andere Perspektive auf. Es wurde klar, daß ihn seine Arbeit immer weniger befriedigte. Seine Frau hatte das bemerkt und ihn sogar ermutigt, sich nach Alternativen umzusehen. Sie erwähnte ihm gegenüber mehrmals, daß sie gerne in ein wärmeres Klima ziehen würde. Tief im Innern hatte er das Vertrauen, daß seine Empfehlungen gut genug waren, um ihm einen besseren Job zu verschaffen, möglicherweise in einer Stadt im Süden. Während wir uns unterhielten, schrumpfte die Höhe der Mauer beträchtlich.

Er wollte immer noch keine falsche Entscheidung treffen, denn wenn er seinen Job verließ, wollte er es von sich aus tun. Es war bestimmt nicht in seinem Interesse, hinausgeworfen zu werden. Indem er allerdings das Problem in die richtige Perspektive rückte, konnte er nun besser eine Lösung anstreben. Er erkannte, daß es mehrere Möglichkeiten gab, die es ihm selbst bei einem Fehlschlag erlauben würden, es noch einmal zu versuchen. Die Mauer war nur noch ein paar Zentimeter hoch. Eine hochgradig streßvolle Situation war praktisch streßfrei geworden. Jetzt brauchte er nur noch eine der Entscheidungen auszuwählen und sie auszuprobieren.

Konzentration

Konzentration sollte ein integraler Bestandteil unseres Lebens sein. Wir alle können uns in dieser Beziehung ständig verbessern. Es ist schon so viel über Konzentration geschrieben worden, daß ich das Thema hier nur kurz zu erwähnen brauche. Wir alle kennen die ihr innewohnende Kraft. Wir haben sie in der Schule, im Beruf und bei der Hausarbeit erfahren.

Was Sie auch immer tun mögen, tun Sie es ganz. Wenn Sie faul sein wollen, seien Sie faul, konzentrieren Sie sich völlig auf Ihre Faulheit. Wenn Sie sich entspannen, entspannen Sie sich richtig. Wenn Sie mit jemand sprechen, konzentrieren Sie sich auf die Person und die Unterhaltung. Ob Sie nun ein Fahrrad reparieren, an einer Blume riechen oder das Parkett bohnern – immer sollten Sie sich so stark wie möglich konzentrieren.

Zusammen mit Konzentration sollten Sie das Denken in Abteilungen üben. Da Ihr Leben ohnehin aufgeteilt ist, können Sie das zu Ihrem Vorteil nutzen. Es gibt verschiedene Abteilungen: schlafen, arbeiten, essen, spielen und so weiter. Wenn Sie sich von einem Abteil zum anderen bewegen, tun Sie das vollständig. Tragen Sie kein Gepäck vom ersten zum zweiten Abteil. Bei der Arbeit sollten Sie sich nicht von Tagträumereien stören lassen. Wenn Sie die Arbeit verlassen, tun Sie es vollständig, und stellen Sie sich auf das nächste Abteil ein – spielen, ein Hobby, einkaufen oder Ihre Familie.

Sie entscheiden, wie diese Abteilungen definiert werden. Es gibt keinen Grund, warum Sie nicht eine Arbeitsabteilung zwischen zwei Spielabteilungen zu Hause einrichten können. Viele Führungskräfte nehmen Arbeit in ihren Aktentaschen mit nach Hause. Wichtig ist die bewußte Entscheidung, mit dem Spielen oder einer anderen Tätigkeit aufzuhören, die Aktentasche zu öffnen und sich auf den Inhalt zu konzentrieren. Sobald Sie die Aktentasche wieder schließen, vergessen Sie sie. Andererseits sollten Sie sich auch die Freiheit nehmen, bei der Arbeit Abteilungen für Tagträumereien oder Spiele einzurichten. Wahrscheinlich wird das Ihrem Chef nicht passen, und es könnten sich daraus Konsequenzen für Sie ergeben. Wenn Sie es trotzdem tun, konzentrieren Sie sich in dieser Zeit vollständig auf Ihre Träume oder Spiele, lassen Sie keinen Gedanken an die Arbeit zu.

Wir sollten ständig versuchen, unsere Konzentrationsfähigkeit zu verbessern. Wir werden davon profitieren, wenn wir wie die Spitzenführungskräfte schnell und vollständig von einem Subjekt zum anderen übergehen können. Das trifft auch auf das Denken in Abteilungen zu.

Glauben
Der vierte Bestandteil ist Glauben. Er ist eine mächtige Kraft und notwendig, um Streß zu reduzieren. Jeder der Menschen,

die ich bisher beschrieben habe, hielt sehr stark an seinem Glauben fest.

Toyup mußte Vertrauen in die Legenden haben, die ihm erzählt worden waren. Viejo Itza glaubte an die Traditionen, die seit den Frühzeiten der Maya überliefert wurden. Don José und die anderen Mitglieder der Kooperative gehorchten den Befehlen von Atahualpa. Sie bezweifelten nie, daß sein Befehl den Vogelmännern durch die Ahnen übermittelt wurde. Die Menschen in Pinrang lehnten die Empfehlungen der modernen Experten ab und vertrauten stattdessen ihrer eigenen Intuition, Gott und ihrer historischen Beziehung zur Natur.

Woran Sie glauben, ist unwichtig, soweit es »O-Naami« betrifft. Es ist jedoch sehr wichtig, daß Sie an etwas glauben. Glauben Sie an sich selbst oder an Ihre Religion, wenn Sie überhaupt an eine Religion glauben möchten. Glauben Sie an eine Idee oder ein Ziel. Glauben Sie daran, daß Sie den Streß durch »O-Naami« besiegen können.

Meditieren

Meditation, der fünfte Bestandteil, rückt die anderen vier in die richtige Perspektive. Sie ist das Kernstück der täglichen »O-Naami« Praxis. Sie ist außerdem eine der besten Methoden, Konzentration zu lernen.

Meditation kann verschiedene Formen haben. Einige sind ausschließlich geistiger Natur, die verlangen, daß der Körper still ist, während andere eher körperlich sind und auf Bewegung beruhen. Bestimmte Tänzer und Kampfkünstler meditieren, während sie ihre Übungen ausführen. Religiöse Rituale können Aspekte von Meditation annehmen. Beten kann Meditation sein. Es gibt strukturierte und unstrukturierte Meditationen, innerliche und äußerliche Methoden und solche, die beides miteinander verbinden.

Im ersten Kapitel habe ich mehrere Untersuchungen des Sloan-Kettering-Krebszentrums, der Harvard Medical School und anderer Institutionen zitiert, die beweisen, daß Meditation positive Auswirkungen auf unsere Körpersysteme hat. Die wissenschaftliche Forschung hat festgestellt, daß Meditation, wenn sie regelmäßig ausgeübt wird, Blutdruck, Sauerstoffverbrauch, Stoffwechsel und Herzfrequenz erheblich senken kann. Gleichzeitig entstehen Alpha-Gehirnwellen, die sonst nur gemessen werden, wenn jemand ausgeglichen ist und sich wohlfühlt. Meditation kann in der Behandlung von Kreislauf-, Atmungs- und Nervenstörungen eingesetzt werden und wurde erfolgreich als Ersatz für starke chemische Beruhigungsmittel benutzt. Während dieser Untersuchungen wurde meistens eine Meditationsform gewählt, die ein Mantra benutzt (siehe Beschreibung weiter unten). Die Forscher sind sich einig, daß viele Methoden den gleichen Nutzen bringen. Die beiden wichtigsten Aspekte sind Entspannung und Konzentration.

Um »O-Naami« auszuüben, ist es nicht notwendig, daß Sie mehr als eine einfache Methode erlernen. Wenn Sie aber daran interessiert sind, sich tiefer mit diesem Thema zu befassen, rate ich Ihnen, auch andere zu studieren. Mehrere der im Anhang angegebenen Bücher sind dabei ausgezeichnete Führer.

Wenn Sie noch keine Meditationsmethode haben, die Ihnen gut tut, empfehle ich Ihnen eine oder beide der Methoden, die Toyup benutzt. Beide werden überall auf der Welt ausgeübt und beziehen sich nicht auf eine bestimmte Religion oder Kultur.

Die erste, die oft Mantra-Meditation genannt wird, ist wahrscheinlich die am weitesten verbreitete Methode. Ihr Ziel ist völlige Muskelentspannung bei gleichzeitiger geistiger Konzentration auf ein bestimmtes Objekt. Das kann ein Wort, ein Satz oder ein Lied sein, das ständig wiederholt wird.

Es bestehen verschiedene Ansichten hinsichtlich der Bedeutung des Mantras. Einige Lehrer behaupten, daß es wichtig sei, ein ganz bestimmtes, persönliches Mantra zu haben, das von einem Guru ausgewählt werden müsse. Die Anhänger dieser Meinung argumentieren, daß die Bedeutung des Mantras und seine Schwingungsqualitäten am wichtigsten seien. Die anderen glauben, daß jedes Mantra, das dem Benutzer Freude macht, gut sei. Meine eigene Erfahrung und viele Untersuchungen an medizinischen Forschungsinstituten unterstützen die zweite Ansicht.

Wenn Ihnen jemand ein Mantra gegeben hat und Sie damit glücklich sind, behalten Sie es. Sonst suchen Sie sich ein Wort oder einen Satz, der Ihnen gefällt, zum Beispiel „Frieden", „Liebe", „Glaube", „Kyrie Eleison" (Gott sei gnädig), „Alles ist Eins" oder „Om".

Sitzen oder liegen Sie bequem und beginnen Sie, das Mantra zu wiederholen (siehe dazu den nächsten Abschnitt „So integrieren Sie »O-Naami« in Ihr tägliches Leben"). Sie können es sowohl laut als auch leise wiederholen. Versuchen Sie, an nichts anderes zu denken, wiederholen Sie nur das Mantra. Bleiben Sie dabei, ungeachtet aller Tricks, die sich Ihr Verstand ausdenken wird; den Geräuschen, die Sie stören werden, und all den unwesentlichen Gedanken. Seien Sie nicht zu streng mit sich, setzen Sie sich nicht selber unter Druck. Wenn Ihr Verstand abschweift, wenn Sie anfangen, über Sinn oder Unsinn Ihres Mantras nachzudenken, sagen Sie einfach zu sich selbst: „Aha, wieder einmal" und konzentrieren sich wieder auf das Mantra. Lassen Sie sich nicht entmutigen. Wir schweifen alle ab. Es wird auch Ihnen passieren. Das ist kein Problem, sondern einfach ein Thema, mit dem Sie sich auseinandersetzen müssen.

Sie können eine Uhr so vor sich stellen, daß Sie sie sehen können, ohne Ihren Kopf zu bewegen. Bei dieser Meditation sollten Sie die Augen geschlossen halten, aber Sie können sie

84

ab und zu öffnen, um auf die Uhr zu schauen. Versuchen Sie, zunächst zehn Minuten zu meditieren. Später können Sie es auf fünfzehn bis zwanzig Minuten ausdehnen.

Am wichtigsten ist es, entspannt zu sein. Versuchen Sie, Ihren Verstand von allen Gedanken zu befreien. Aber denken Sie daran, sich nicht verrückt zu machen. Selbst die geübtesten Meditierer werden abgelenkt. Auch Ihnen wird das oft passieren. Regen Sie sich nicht darüber auf. Sagen Sie: „Aha, es ist wieder passiert" und lassen Sie die Störung hinter sich. Bleiben Sie zehn Minuten bei dieser Meditation, egal wie oft Sie abgelenkt werden. Sollte etwas geschehen, dem Sie sich widmen müssen, etwa ein Anruf oder ein verletztes Kind, schauen Sie auf die Uhr, und machen Sie so bald wie möglich da weiter, wo Sie aufgehört haben.

Für mich ist es am besten, immer mit dem gleichen Mantra zu üben. Andere Menschen wechseln ihre Mantras ab und zu, das ist reine Geschmackssache.

Noch etwas: Für manche Menschen ist es am einfachsten, das Mantra nur bei der Ausatmung zu wiederholen und ihren Verstand während des Einatmens auszuruhen. Andere ziehen es vor, es unabhängig von der Atmung ständig zu wiederholen. Versuchen Sie beides. Meditation ist eine ganz besondere Zeit nur für sich selbst. Meditieren Sie so, wie Sie es am liebsten mögen.

Entspannen Sie sich, und genießen Sie die Mantra-Meditation. Sobald Sie sich daran gewöhnt haben, werden Sie merken, daß Sie dadurch ruhiger werden. Hinterher werden Sie sich wahrscheinlich erfrischt fühlen.

Die zweite Meditationstechnik ist etwas schwieriger. Zunächst sollten Sie, wie bei der ersten auch, eine Ihnen angenehme Position finden. Schließen Sie die Augen. Stellen Sie sich vor, Sie sind auf dem Grund eines kristallklaren Sees. Vor Ihren Augen sehen Sie nichts, außer ab und zu eine aufsteigende Luftblase. Die Blase bleibt nur ein paar Sekunden in ihrem

Blickfeld. Bewegen Sie Ihren Kopf nicht, um ihr zu folgen. Nachdem sie verschwunden ist, sehen Sie nichts, bis die nächste Blase erscheint. Jede Blase repräsentiert einen Gedanken oder ein Gefühl.

Während Sie so auf dem Grunde des Sees sitzen, lassen Sie Ihren Verstand leer werden. Kommt Ihnen ein Gedanke oder Gefühl, sehen Sie sie als Luftblase. Beobachten Sie, wie sie nach oben treibt. Versuchen Sie nicht, etwas zu verstehen, beobachten Sie einfach. Versuchen Sie nicht, etwas über diesen Gedanken oder dieses Gefühl herauszufinden oder diese Blase mit einer anderen in Verbindung zu bringen. Beobachten Sie einfach. Nach ein paar Sekunden wird sie außer Sicht sein. Lassen Sie sie gehen, und warten Sie ruhig auf die nächste.

Lassen Sie sich nicht beunruhigen, wenn Sie dieselbe Luftblase mehrmals sehen. Falls Sie überhaupt keine Blase sehen, genießen Sie die Leere. Immerhin befinden Sie sich in einer wunderschönen, friedvollen Umgebung.

Die Blasenmethode erlaubt es Ihnen, sich mit Ihren Gedanken und Gefühlen für eine begrenzte Zeit zu beschäftigen. Sie gibt Ihnen den Rahmen, in sich selbst hineinzusehen, ohne das, was Sie sehen, zu analysieren, und sie zwingt Sie, sich nur mit einer Sache auf einmal zu beschäftigen.

Diese Meditation erfordert mehr Übung als die Mantra-Meditation. Obwohl sie von Anfang an entspannend wirkt und Ihnen Spaß machen wird, wird sie Sie wahrscheinlich auch verwirren. Versuchen Sie, alle Fragen zu ignorieren. Mit der Zeit wird die Verwirrung vergehen. Beginnen Sie mit zehn Minuten und benutzen Sie eine Uhr. Halten Sie durch. Wenn Sie die Meditation mögen, verlängern Sie sie auf fünfzehn bis zwanzig Minuten.

Sitzen Sie nach beiden Meditationen ein paar Minuten lang still. Öffnen Sie die Augen, und konzentrieren Sie sich auf Ihre Umgebung. Bewegen Sie Ihre Muskeln und strecken Sie sich langsam. Behalten Sie das gute Gefühl. Meditation ist eine ganz besondere Zeit, die nur Ihnen gehört, Ihre ganz persönliche Zeit. Sie haben ein Recht darauf. Genießen Sie jede Sekunde, und seien Sie sich der Qualität dieser Erfahrung bewußt.

Einige Menschen kommen mit einem euphorischen Gefühl aus ihrer Meditation, sie fühlen sich als integraler Bestandteil eines größeren Universums. Sie fühlen sich von den Schwierigkeiten des Lebens wie durch einen unsichtbaren Energieschild beschützt. Ich habe gelegentlich beide Empfindungen gehabt und auch andere, meistens jedoch fühle ich mich einfach erfrischt. Diese Gefühle sind angenehm und mögen manchmal nützlich sein. Es ist jedoch am besten, diese Gefühle während der Meditation selbst zu vermeiden. Sie sollten entspannt bleiben und sich auf das Mantra oder die Luftblasen konzentrieren. Versuchen Sie, sich nicht von anderen Gedanken, Gefühlen oder Visionen ablenken zu lassen, auch nicht, wenn diese euphorisch sind. Tauchen diese Empfindungen nach der Meditation auf, nehmen Sie sie dankend an, aber lassen Sie sich nicht entmutigen, wenn nichts geschieht. Es sollte Ihnen eigentlich – unabhängig von den Gefühlen, die Sie haben mögen – genug sein, zu wissen, daß Sie von der Meditation profitiert haben. Blutdruck, Herzfrequenz, Stoffwechsel, Kreislauf und Hormonausschüttung werden dadurch gestärkt. Sie haben sich selbst ein wunderbares Geschenk gemacht.

Der nächste Abschnitt beschreibt, wie sie »O-Naami« zu einem ständigen Bestandteil Ihres Lebens machen können, indem Sie eine Abteilung oder mehrere ausschließlich dafür reservieren. Ich möchte allerdings darauf hinweisen, daß auch die ersten vier Elemente integrale Bestandteile Ihres Lebens sein sollten. Machen Sie jeden Tag den Versuch, daran zu denken. Denken Sie häufig daran, zu sein, statt zu werden. Tauchen Probleme auf, stellen Sie sich eine Mauer vor und reduzieren Sie sie auf die richtige Größe. Konzentrieren Sie sich auf das, was Sie tun. Haben Sie Vertrauen, erkennen Sie Ihren Glauben an, fühlen Sie ihn in sich. Er ist da, um Ihnen zu helfen.

Das nachfolgende Programm wird Ihnen von Anfang an helfen. Langfristig erhöht sich seine Wirksamkeit noch, weil es Ihnen immer leichter fallen wird, zu sein, auf der Mauer zu gehen, sich zu konzentrieren und Vertrauen in Ihren Glauben zu haben. Der fünfte Bestandteil, Meditation, ermöglicht es, die anderen in Ihren Tagesablauf zu integrieren. Darüberhinaus ist Meditation allein schon äußerst wirksam um Streß abzubauen, Konzentration zu erlernen und dem Körper zu helfen.

So integrieren Sie »O-Naami« in Ihr tägliches Leben
»O-Naami« ist am wirksamsten, wenn die Methode zur Gewohnheit wird. Bemühen Sie sich unablässig, sich die ersten vier Elemente bewußt zu machen: sein, Probleme lösen, konzentrieren, glauben. Üben Sie den folgenden Ablauf, der den fünften Bestandteil, Meditation, miteinschließt, mindestens einmal am Tag. Nachdem Sie sich daran gewöhnt haben, können Sie die Übung zweimal täglich machen.

Üben Sie nicht mit vollem Magen. Wenn es möglich ist, warten Sie nach dem Essen noch mindestens eine Stunde. Ich persönlich mag es am liebsten kurz vor dem Frühstück und wieder kurz vor dem Abendessen. Manchmal ändere ich die Zeiten und übe nachdem ich in meinem Büro angekommen bin und wieder bevor ich nach Hause gehe. Auf Reisen oder falls es mir nicht möglich ist, meine normale Routine einzuhalten, nutze ich Wartezeiten auf Flughäfen, in Wartesälen oder in Parks. Am wichtigsten ist, zu üben, auch wenn die Umstände dafür nicht ideal sind. Machen Sie das Beste aus jeder Situation.

Wenn Sie krank sind oder ein körperliches oder psychologisches Problem haben, kann »O-Naami« therapeutischen Nutzen haben. Es ist allerdings besser, vorher Ihren Arzt zu konsultieren.

Hier sind die fünf Schritte:

1) **Suchen Sie sich einen ruhigen Ort.**
Es bleibt Ihnen überlassen, ob Sie eine dunkle Ecke wählen oder ein Fenster mit Ausblick. Die Umgebung sollte eine beruhigenden Einfluß auf Sie ausüben. Sie sollten so ungestört wie möglich von äußeren Einflüssen wie Gesprächen, Telefonen, bellenden Hunden oder spielenden Kindern sein. Lassen Sie sich aber nicht entmutigen, wenn Sie sich mit etwas weniger Perfektem zufriedengeben müssen. Ich habe in einem mit Menschen, Hühnern und einem quietschenden Schwein vollgepackten peruanischen Bus geübt. Wenn mein Büro zu laut ist oder ich damit rechnen kann, daß meine Tochter zuhause mit mir spielen will, fahre ich nach der Arbeit manchmal auf einen leeren Parkplatz und sitze in meinem Auto. Benutzen Sie das, was Ihnen zur Verfügung steht. Haben Sie einmal einen Platz ausgesucht und angefangen, machen Sie sich nicht mit dem Gedanken an mögliche Unterbrechungen verrückt.

2) **Setzen Sie sich bequem hin.**
Was Sie bequem finden, ist wieder eine Frage der persönlichen Vorliebe. Es kann Ihr Lieblingssessel sein oder der Lotussitz auf dem Boden. Sie brauchen keine besondere Methode zu lernen. Sitzen Sie so bequem wie möglich unter den gegebenen Umständen, aber wählen Sie keine Position, die einschläfernd wirkt. Ich rate davon ab, sich hinzulegen, da Sie das zum Schlafen verführen wird. Ich persön-

lich ziehe es vor, mit gekreuzten Beinen auf dem Boden, mit dem Rücken gegen ein Sofa oder Bett gelehnt, zu sitzen. Oft übe ich auch in meinem Auto oder Büro. Der peruanische Bus hatte eine harte hölzerne Sitzbank. Die entscheidende Frage ist, ob Sie sich in einer Haltung befinden, die es Ihnen ermöglicht, Ihre Muskeln zu entspannen. Wenn nicht, probieren Sie eine andere aus.

3) **Entspannen Sie sich.**
Lassen Sie Ihren Körper einfach los. Nehmen Sie Ihre Muskeln wahr, und fühlen Sie bewußt, wie die Anspannung aus ihnen herausfließt. Das sollte nicht anstrengend sein, eher wie selbstverständlich und angenehm. Konzentrieren Sie sich noch nicht darauf, bestimmte Teile Ihres Körpers zu entspannen (das werden Sie im siebten Schritt tun). Lassen Sie einfach Ihren Körper los. Achten Sie darauf, daß Ihr Rückgrat gerade ist, damit Sie Atmung und Verdauung nicht behindern. Schließen Sie die Augen.

4) **Denken Sie darüber nach, wer Sie sind.**
Schauen Sie sich mit Ihrem geistigen Auge an. Konzentrieren Sie sich auf die Eigenschaften, die Sie am meisten an sich schätzen. Sie sind Vater oder Mutter, ein Schüler, eine Sportlerin, ein Musiker, eine Sekretärin; jemand, der stolz auf seine körperliche Stärke und seine Arbeit ist, ein Führer, eine gute Begleiterin; jemand, der überall Freude und Humor verbreitet. Sie sind, wer Sie sind, wer Sie sein wollen. Versuchen Sie nicht, etwas zu werden, seien Sie es.
Wenn Sie ans Sein denken, konzentrieren Sie sich auf zwei Rahmenhandlungen: a) den allgemeinen (Vater/Mutter, Sportler, Sekretärin) und b) den besonderen (Monikas Mutter am Tag der Geburtstagsfeier ihrer Freundin Anja, ein

90

Mittelstürmer vor dem Endspiel, die Geschäftsführerin am Morgen vor der Neueröffnung). Es ist wichtig, immer das Langfristige, das Allgemeine im Auge zu behalten. Aber Sie müssen auch jeden Tag genau wissen, wer Sie an diesem Tag sind. Sie müssen sich an den Teil von Ihnen erinnern, der die Fähigkeiten hat, die Sie am meisten bewundern.

Sie sollten sich nie zu etwas zwingen oder versuchen, sich zu analysieren, sondern sich einfach anschauen und darüber nachdenken, wer Sie im allgemeinen sind und wer Sie jetzt in diesem Moment sind. Genießen Sie diesen Schritt. Sie brauchen sich nicht lange damit aufzuhalten, dreißig Sekunden können schon genug sein, oder ein paar Minuten. Aber Sie sollten sich nicht dazu zwingen oder dabei anspannen.

5) **Konzentrieren Sie sich auf das größte Problem, das Sie haben.** Schauen Sie sich das Problem unter den richtigen Gesichtspunkten an. Sie brauchen sich wegen des Problems keine Sorgen zu machen. Was Ihnen Streß verursacht, ist das Fehlen einer Lösung.

Die Tatsache, daß Anja eine Geburtstagsfeier hat, ist nicht Ihr Problem. Sie können sich überlegen, was für ein Geschenk Sie kaufen sollen oder wie Sie Ihre Tochter rechtzeitig dort abliefern. Versuchen Sie nicht, diese Probleme während Ihrer Übungszeit zu lösen, schauen Sie sie einfach aus dem richtigen Blickwinkel an und versprechen Sie sich, daß Sie diese Fragen während des Frühstücks, vor dem Mittagessen oder wann immer es Ihnen möglich sein wird, beantworten werden. Denken Sie daran, auf der Mauer zu gehen.

Wenn Sie ein ernstes Problem haben, ist dies die Zeit, sich ihm zu öffnen. Versuchen Sie nicht, es zu ignorieren oder vor ihm davonzulaufen. Geben Sie zu, daß die Mauer hoch ist. Sagen Sie zu sich selbst: „Ich weiß noch nicht genau, wie hoch die Mauer ist, aber ich werde im Laufe des Tages daran arbeiten. Bevor ich mich wieder hinsetze und meine »O-Naami«-Übungen mache, werde ich das Problem besser verstanden haben."

Es gibt viele schwerwiegende Ereignisse in unserem Leben, über die wir keine Kontrolle haben, wie der bevorstehende Tod eines Familienmitglieds oder ein wichtiger Termin. Dadurch können Probleme entstehen, die gelöst werden wollen, zum Beispiel, wie Sie mit Ihrer Trauer umgehen, oder Schwierigkeiten beim Einhalten des Termins. Schauen Sie sich diese Themen aus dem richtigen Blickwinkel an. Arbeiten Sie realistische Pläne aus, wie Sie damit umgehen wollen.

Jetzt ist nicht die Zeit für Problemlösungen. Sie wenden sich dem Streß zu, nicht dem Problem selber. Also verbringen Sie nicht zuviel Zeit mit diesem Schritt. Ich versuche, weniger als eine Minute damit zuzubringen. Sie benennen einfach Ihr größtes Problem, schätzen die Höhe der Mauer ein und geben sich selbst das Versprechen, sich darum zu kümmern. Ein Ziel dieses Schrittes ist, geistige Ruhe zu finden und Ihren Körper zu überzeugen, daß körperliche Verspannung eine unangemessene Reaktion ist. Diese Übung dient dazu, Streß zu verringern, nicht Probleme zu lösen. Teilen Sie Ihrem Problem eine Abteilung zu, dann legen Sie es beiseite und konzentrieren sich auf den nächsten Schritt.

6) **Atmen Sie tief durch.**

Halten Sie Ihre Augen geschlossen. Atmen Sie durch die Nase ein, halten Sie die Luft mehrere Sekunden lang an und atmen dann langsam durch den Mund aus.

Lassen Sie das Vertrauen, das Sie in sich selbst, Ihre Religion, eine Idee, ein Ziel oder ein Konzept haben, durch Ihren

Körper fließen. Atmen Sie noch einmal. Fühlen Sie die Kraft des Glaubens als Luft, die in Ihre Nase einströmt, nach unten fließt, von den Lungen ins Blut übergeht und Ihren Körper durchdringt. Stellen Sie sich die ausgeatmete Luft als Träger all Ihrer Zweifel vor. Mit jeder Einatmung strömt Vertrauen in Sie ein, Zweifel werden durch die Ausatmung bereinigt. Wiederholen Sie dieses Ein- und Ausatmen mehrere Male. Es kann sein, daß Sie sich verjüngt fühlen, aber versuchen Sie nicht, sich so zu fühlen, und seien Sie nicht verunsichert, wenn das Gefühl nicht auftritt. Konzentrieren Sie sich auf Ihre Atmung und den Fluß des Vertrauens in Ihnen.

7) **Entspannen Sie sich.**
Lassen Sie Ihren Körper wie im dritten Schritt los, nur diesmal konzentrieren Sie sich auf bestimmte Teile des Körpers. Fühlen Sie jeden Teil, und entspannen Sie ihn bewußt. Manchmal hilft es, die Muskeln zuerst anzuspannen und dann zu entspannen. Ich beginne am liebsten mit den Zehen. Strecken Sie sie, dann lassen Sie los. Versichern Sie sich, daß die Zehen vollständig entspannt sind. Dann wenden Sie sich den Füßen, den Fußgelenken und den Waden zu, den Körper hinauf bis zu den Schultern und dann die Arme herunter zu den Fingern. Spannen Sie die Muskeln an, wenn es nötig sein sollte. Dann zum Rücken, Nacken und Hals, zu Ihrem Gesicht mit Mund, Wangen, Augen, Ohren, Stirn. Zum Schluß entspannen Sie die Kopfhaut.
Dieser Schritt muß geübt werden. Wenn Sie es noch nie getan haben, werden Sie merken, daß er länger dauert, als Sie denken. Haben Sie Geduld; mit ein wenig Übung wird es Ihnen leichter fallen und schneller gehen. Sie können diese Entspannungsmethode fast überall anwenden, zum

Beispiel, wenn Sie auf einer Versammlung oder bei einem Vortrag sind, telefonieren oder fernsehen. Wenn Sie diese Methode erst einmal richtig gelernt haben, werden Sie feststellen, daß viele Ihrer Muskeln verspannt sind. Dann werden Sie in der Lage sein, sie zu entspannen.

Sobald Sie sich völlig entspannt haben, können Sie beginnen zu meditieren.

8) Meditieren Sie.

Benutzen Sie die Mantra- oder die Luftblasen-Meditation, die ich beschrieben habe, oder eine andere, die Sie vielleicht früher erlernt haben. Gehen Sie mit Herz und Seele in die Meditation. Lassen Sie sich nicht durch Gedanken, Geräusche oder andere Störungen unterbrechen. Schütteln Sie sie ab, und machen Sie weiter. Meditieren Sie jedesmal mindestens zehn Minuten. Nehmen Sie sich hinterher mehrere Minuten, um wieder herauszukommen. Werden Sie sich Ihrer Umgebung und Ihres Körpers bewußt. Strecken Sie langsam Ihre Muskeln. Denken Sie an »O-Naami« und das Glück, Sie zu sein.

Ihre Kultur hat Sie nicht darauf vorbereitet, mit Streß umzugehen. Wahrscheinlich leben Sie in einer streßvollen Umgebung, in der Sie das tägliche Leben starken Anspannungen aussetzt. Falls das zutreffen sollte, sind Sie ein Mensch unter Millionen, die unter dieser Situation leiden. Sie sind dazu prädestiniert, körperliche, emotionale und psychologische Probleme zu entwickeln.

Vielleicht haben Sie am späten Freitagnachmittag den Hörer abgenommen und eine schlechte Nachricht bekommen; eine Nachricht, die Ihnen das Wochenende ruinieren, einen Feiertag verderben und Ihre ganze Familie in Depressionen stürzen kann. Oder Sie befinden sich in einer Situation, in der jeden Moment so etwas geschehen kann.

Wir alle leiden unter Streß. Für einige ist das nicht weiter schlimm, sondern nur ärgerlich. Andere leiden unter körperlichen oder emotionalen Krankheiten wie Kopfschmerzen, Schlaflosigkeit, Verdauungsbeschwerden, Ausschlägen, Lethargie, Appetitlosigkeit und Handlungsunfähigkeit, die das direkte Ergebnis von Streß sind. Wieder andere haben schwere Erkrankungen des Nervensystems, Kreislauf- oder Atembeschwerden, die durch Streß verursacht sind und zum Tode führen können.

Ob Streß Ihnen nun schwere Probleme verursacht oder Sie „nur" ärgert – auf jeden Fall können Sie von jetzt an Ihre Situation verbessern. Kleine Reizungen können durchaus zu ernsten Beschwerden führen. Ernste Beschwerden können lebensbedrohlich werden. Jeder von uns hat die Pflicht, sein Leben so angenehm und erfüllt wie möglich zu gestalten. Das Gegenmittel für Streß liegt in Ihnen selbst.

Dieses Gegenmittel müssen Sie in Ihr Leben integrieren. Das Lesen dieses Buches war bereits der erste Schritt dazu. Jetzt liegt es bei Ihnen, weiterzumachen. »O-Naami« zu üben, wird Ihnen dabei helfen. Es sollte Ihnen Spaß machen. Sie werden zweifellos merken, daß es Ihnen ermöglichen wird, vieles mit neuen Augen zu sehen: die Welt um Sie herum, andere Menschen und sich selber. Wahrscheinlich werden Sie, wie ich und viele andere, neues Interesse am Leben finden, und dieses Abenteuer wird voller Freude und Entspannung sein und Ihnen neue Entdeckungen und Anregungen bringen.

Bibliographie

In Deutsch erschienene Bücher:

Alexander, F.: Psychosomatische Medizin. de Gruyter, 1951

Bach, R.: Illusionen. Die Abenteuer eines Messias wider Willen. Ullstein, 1989

Castaneda, C.: Die Lehren des Don Juan. Ein Yagui-Weg des Wissens. Fischer, 1991

Chang. C. Y.: Tao, Zen und die Schöpferische Kraft. Diederichs, 1987

Dossey, L.: Die Medizin von Raum und Zeit. Ein Gesundheitsmodell. Rowohlt, 1987

Jacobson, E.: Entspannung als Therapie. Progressive Relaxion in Theorie und Praxis. Pfeiffer, 1990

Johnston, W.: Zen – ein Weg für Christen. Matthias-Grünewald, 1977

May, R.: Der Mut zur Kreativität. Junfermann, 1987

Musashi, M.: Das Buch der fünf Ringe. Knaur, 1984

Naranjo, C.J./Ornstein, R.E.: Psychologie der Meditation, Fischer, 1988

Selye, H. Stress, Bewältigung und Lebensgewinn, Piper, 1968

Nur in englischer Sprache erhältlich:

Baron, R.A.: The Tyranny of Noise. New York: Harper & Row, 1971

Buscaglia, L.: The Way of the Bull. New York: Ballantine Books, 1983

Castaneda, C. The Eagle's Gift. New York: Simon and Schuster, 1981

Grinker, R.R./Spiegell, J.P.: Men under Stress. Philadelphia: Blakiston, 1945

Gross, N.E.: Living with Stress. New York: McGraw-Hill, 1958

Kerner, F.: Stress and Your Heart. New York: Hawthorn Books, 1961

Kraus, H.: Backache, Stress and Tension: Their Cause, Prevention and Treatment. New York: Simon & Schuster, 1965

McKenna, M.: Revitalize Yourself! The Techniques of Staying Yourthful. New York: Hawthorn Books, 1972

Page, R.C.: How to Lick Executive Stress. New York: Simon and Schuster, 1966.

Sieh mal an

Daniel Shahid Johnson „Feuertrommel". Roman.
272 Seiten, gebunden, DM 34,00. **Integral.**

„Dieses Buch ist nicht für jedermann…" steht
am Anfang jenes Buches, das sich inzwischen,
laut SPIEGEL, „zu einem der erstaunlichsten
Rekord-Seller entwickelt" hat (Peter Kelder
Die Fünf »Tibeter«).
Auch dieses Integral-Buch *(Feuertrommel)* ist
nicht für jedermann. „Sie sollten es nur lesen,
wenn…"

Ach was, sehen Sie einfach selbst